MUHTASAR

İLMİHAL

(RESİMLİ NAMAZ HOCASI)

Kur'ân Kursları, İlk ve Orta dereceli okullar ile yetişme çağındaki bütün Müslüman çocukları için zaruri dini bilgiler

FAZİLET®

NEŞRİYAT ve TİCARET A.Ş.

Bağlar Mah. Mimar Sinan Cad. No: 52 Güneşli, Bağcılar - İST.

Tel.: (0212) 657 88 00 (Pbx) Faks: (0212) 657 95 88

www.fazilet.com.tr

MUHTASAR İLMİHAL

Grafik / Tasarım
Fazilet Neşriyat

Baskı / Cilt
Fazilet Neşriyat

İstanbul 2012

ISBN: 978-975-9018-98-6

T.C. Kültür ve Turizm Bakanlığı
Yayıncılık Sertifika No:
16384

FAZİLET®
Neşriyat ve Ticaret A.Ş.
Bağlar Mah. Mimar Sinan Cad. No: 52 Bağcılar - İSTANBUL
Tel: 0212-657 88 00 Faks: 0212-657 95 88
www.fazilet.com.tr

ÖNSÖZ

İnsanlığı ve bütün âlemleri büyük bir hikmet ve gaye ile yaratan Allâhü Teâlâ'ya sonsuz hamd ü senâlar olsun.

Kâinâta en büyük rahmet, en büyük şefâatçi ve en büyük peygamber olarak gönderilen Muhammed Mustafâ sallallâhü aleyhi ve selleme, onun âline ashâbına ve bütün ona tâbi olanlara salât ve selâm olsun.

***İlmihal,** Müslümanların inanç ve ibadetle ilgili öğrenmeleri icabeden hususları bildiren ilimdir.*

*Peygamber Efendimiz: **İlim öğrenmek her Müslüman erkek ve kadın üzerine farzdır,** buyurmuşlar. Kâinâtın efendisinin bu mübarek sözleriyle Müslümanlara farz olduğunu açıkladığı ilim, muhakkak ki, onların dünya ve âhiret saadetini kazanmalarına yarayacak olan "İlmihal" dir. İşte bunun içindir ki, her Müslüman erkek ve kadının inanç ve ibadet bakımından kendisine lazım olan mes' eleleri öğrenmesi farzdır. "Zarûrât-ı Dîniyye" denilen bu mühim mevzuları öğrenip inanmadıkça insan, tam ve kâmil bir Müslüman olamaz.*

Bu mevzuda yazılmış küçük-büyük birçok "İlmihal" kitapları vardır. Bununla beraber, Müslüman bir çocuğun temel mes' eleleri kolayca belleyip, hatırında tutabilmesine yardımcı olmak gayesiyle bu "İlmihal" i hazırlamayı uygun bulduk.

Cenâb-ı Hak rızâsına muvâfık buyursun.

Mühim Hatırlatma

Muhterem okuyucu,

Elinizdeki eserde bazı sûre, âyet ve duâlara yer verilmiş ve bunların latin harfleri ile de okunuşları konulmuştur. Bu, Kur'an harflerini bilmeyenlerin ezberlemelerine yardımcı olmak içindir. Yoksa latin harfleri ile doğru olarak ezberlemek mümkün değildir. Bu harflerle ezberleyenler, mutlaka bir hocadan düzgün okunuşunu öğrenmelidirler.

Sûreler latin harflerinden okunduğu zaman aşağıdaki işaretlere dikkat edilmesi zaruridir:

â: Uzun a — İnce sesli harflerden sonra gelince ince-uzun okunur. Normal matbaa harfleriyle yazılmıştır. Kalın sesli harflerden sonra gelince kalın-uzun okunur. Metinde belli etmek için önceki kalın harfle birlikte kalın-siyah yazıyla yazılmıştır.

û: Uzun u — İnce sesli harflerden sonra gelince ince-uzun okunur. Normal matbaa harfleriyle yazılmıştır. Kalın sesli harflerden sonra gelince kalın-uzun okunur. Metinde belli etmek için önceki kalın harfle birlikte kalın-siyah yazıyla yazılmıştır.

î: Uzun i — İnce sesli harflerden sonra gelince ince-uzun okunur. Kalın sesli harflerle gelince kalın-uzun okunur. Kalın sesli harften sonra **(ıy)** gibi okunacaktır. Kendinden önceki harf kalınsa onunla birlikte kalın-siyah yazıyla yazılmıştır.

Med (uzatma) işareti: Bir elif miktarı med **(â, î, û)** şeklinde gösterilmiştir. Dört elif miktarı med **(â̄, î̄, û̄)** şeklinde gösterilmiştir.

Altı çizgili **h** boğazdan hırıltılı olarak çıkarılacak,

Altı çizgili **s** ve **z** harfleri peltek okunacaktır.

DİKKAT:

Elinizdeki bu kitapta âyet-i kerime, hadis-i şerif ve dua gibi mübarek metinler olması dolayısıyla yere atılmamasını ve hürmette kusur edilmemesini ehemmiyetle hatırlatırız.

بِسْمِ اللّٰهِ الرَّحْمٰنِ الرَّح۪يمِ

DÎNİMİZ İSLÂM

DİN

Din: Akıl sâhiplerini kendi irâde ve istekleriyle dünya ve âhirette saâdet ve selâmete kavuşturan bir kânûn-i ilâhî ve te'sîs-i Rabbânî'dir.

Allâhü Teâlâ hazretleri, ilk insan ve ilk peygamber Âdem (aleyhisselâm) dan itibaren insanlara peygamberleri vasıtası ile dîni bildirmiş olup bu din esas itibarı ile İslâm'dır. Allâhü Teâlâ İslâm dinimizi Resûlü Muhammed Mustafâ (s.a.v.) ile tamamlamıştır. İslâm dinine inanan kimseye müslüman denir. Biz de Elhamdülillah Müslümanız.

ŞERÎAT

Şerîat, din manasına geldiği gibi dînin, ibadet ve muamelelere ait hükümlerine de şerîat denir. Yani, şerîat dindir, din de şerîatdır.

ÎMÂN

Îmân, Peygamber Efendimiz (s.a.v.)'in Allâhü Teâlâ tarafından getirip tebliğ buyurduğu hususların tamamını kabul ve kalben tasdik etmektir. Îmân, bu kalbî tasdikten ibarettir. Fakat kişinin, hayatında ve ölümünde kendisine müslüman muamelesi yapılması için kelime-i şehâdeti dili ile söyleyip kalbi ile tasdik etmesi şarttır.

Îmânın şartları altıdır. Bu altı şart, aşağıda Arapça aslını ve tercümesini göreceğimiz **Âmentü**'de açıklanmıştır.

آمَنْتُ بِاللّٰهِ وَمَلٰئِكَتِهِ وَكُتُبِهِ وَرُسُلِهِ وَالْيَوْمِ
الْاٰخِرِ وَبِالْقَدَرِ خَيْرِهِ وَشَرِّهِ مِنَ اللّٰهِ تَعَالٰى
وَالْبَعْثُ بَعْدَ الْمَوْتِ حَقٌّ اَشْهَدُ اَنْ لَا اِلٰهَ
اِلَّا اللّٰهُ وَاَشْهَدُ اَنَّ مُحَمَّدًا عَبْدُهُ وَرَسُولُهُ

Âmentü billâhi ve melâiketihî ve kütübihî ve rusülihî ve'l-yevmi'l-âhiri ve bi'l-kaderi hayrihî ve şerrihî mine'llâhi teâlâ ve'l-ba'sü ba'de'l-mevti hakkun **eşhedü en lâ ilâhe illallâh ve eşhedü enne Muhammeden abdühû ve rasûlüh.**

Mânâsı: Ben Allâhü Teâlâ'ya ve onun meleklerine, kitaplarına, peygamberlerine, âhiret gününe, kadere; hayır ve şerrin Allâhü Teâlâ'nın yaratmasıyla olduğuna inandım. Öldükten sonra dirilmek de haktır. Ben şehâdet ederim ki, Allâhü Teâlâ'dan başka ilâh yoktur ve yine şehâdet ederim ki, Muhammed (s.a.v.) onun kulu ve resûlüdür.

ÎMÂNIN ŞARTLARI

1- Allâhü Teâlâ'ya inanmak,

2- Meleklerine inanmak,

3- Kitaplarına inanmak,

4- Peygamberlerine inanmak,

5- Âhiret gününe, öldükten sonra dirilmenin hak olduğuna inanmak,

6- Kadere; hayır ve şerrin Allâh'ın yaratması ile olduğuna inanmaktır.

Îmânın bu altı şartından birini kabul etmeyen, hepsini inkâr etmiş sayılır. Meselâ, îmânın beş şartını kabul edip, âhirete inanmayan kimse mü'min olamaz.

ALLÂHÜ TEÂLÂ'YA ÎMÂN

Îmânın altı şartından birincisi, Allâhü Teâlâ'ya îmân etmektir. Şöyle ki; Allâhü Teâlâ vardır. Onun zâtı, bütün kemâl sıfatları ile muttasıf (yâni, bütün güzelliklere eksiksiz olarak sahip), bütün noksan sıfatlardan münezzeh ve uzaktır.

Allâhü Teâlâ'nın sıfatları, **sıfât-ı zâtiyye** ve **sıfât-ı sübûtiyye** olmak üzere iki kısımdır.

SIFÂT-I ZÂTİYYE

Allâhü Teâlâ'nın Sıfât-ı Zâtiyyesi altıdır:

1- **Vücûd:** Var olmak. Allâhü Teâlâ vardır.

2- **Kıdem:** Evveli olmamak; ezelî olmak. Allâhü Teâlâ'nın varlığının evveli yoktur.

3- **Bekâ:** Sonu olmamak; ebedî olmak. Allâhü Teâlâ'nın varlığının sonu yoktur.

4- **Vahdâniyet:** Birlik. Allâhü Teâlâ zâtında ve sıfatlarında tek olup, ortağı yoktur

5- **Muhâlefetün lilhavâdis:** Yaratılanlara hiç benzememek. Allâhü Teâlâ sonradan olan hiç bir şeye benzemez. Akla ne gelirse Allah (c.c.) onun gayrıdır.

6- **Kıyam binefsihi:** Vücudunda gayre muhtaç olmamak. Allâhü Teâlâ varlığında hiç bir şeye muhtaç değildir.

SIFÂT-I SÜBÛTİYYE

Allâhü Teâlâ'nın Sıfât-ı Sübûtiyyesi sekizdir:

1- **Hayât:** Hayât; Allâhü Teâlâ diridir ve dirilticidir.

2- **İlim:** Bilgi; Allâhü Teâlâ her şeyi bilir. Allâhü Teâlâ kalblerde gizlenen niyetleri dahi bilir.

3- **Semi':** İşitmek; Allâhü Teâlâ her şeyi işitir.

4- **Basar:** Görmek; Allâhü Teâlâ her şeyi görür. Allâhü Teâlâ karanlık gecede, kara taşın üzerinde, kara karıncanın yürüdüğünü görür ve ayağının sesini işitir.

5- **İrâdet:** Dilemek. Allâhü Teâlâ ne dilerse onu dilediği gibi işler.

6- **Kudret:** Gücü yetmek; Allâhü Teâlâ her şeye kâdirdir.

7- **Kelâm:** Konuşmak; Allâhü Teâlâ'nın harf ve sese muhtaç olmadan kelâmı demektir. Kur'ân-ı Kerim, Allah kelâmıdır.

8- **Tekvîn:** Yoktan var etmek, meydana getirmek, yaratmak. Allâhü Teâlâ bütün mahlûkâtın yaratıcısıdır.

MELEKLERE ÎMÂN

Îmânın ikinci şartı meleklere inanmaktır.

Melekler nurdan yaratılmış, istedikleri sûret ve şekillere girebilen rûhânî ve latif varlıklardır.

Meleklerde erkeklik ve dişilik yoktur. Onlar, emrolundukları şeylerde Allâh'a isyan etmezler. Yorulup usanmazlar. Yemek, içmek gibi ihtiyaçları yoktur. Kimi gökte, kimi yerde, kimisi de Arş'ta vazîfelidirler. Sayılarını ancak Allâhü Teâlâ bilir. İçlerinden dört büyük melek, meleklerin peygamberleridir.

DÖRT BÜYÜK MELEK

1- **Cebrâîl** (a.s.): Cenâb-ı Hakk'ın kitaplarını peygamberlere getirmeye, yani vahye memur, Allâh ile resûlleri arasında bir vasıta ve elçidir.

2- **Mîkâîl** (a.s.): Bir kısım hadiselerin; Mesela rüzgârların, yağışların, hubûbâtın ve bitkilerin meydana getirilmesine memurdur.

3- **İsrâfîl** (a.s.): Sûrun üflenmesi, kıyamet gününün meydana gelmesi, insanların ve cinlerin kıyamette tekrar dirilmeleri hususlarına memurdur.

4- **Azrâîl** (a.s.): İnsan ve cinlerden eceli gelenlerinin ruhlarını almaya memurdur. Yani, Allâhü Teâlâ'nın emriyle canlarını alır.

Ayrıca her insanda, 384 vazîfeli melek vardır. Bunlardan, **Kirâmen Kâtibîn** melekleri insan ne yaparsa onu yazmakla vazifelidirler.

KİTAPLARA ÎMÂN

Îmânın üçüncü şartı kitaplara inanmaktır.

Cenâb-ı Hak, kendi iradelerini, emirlerini, nehiylerini, hikmetlerini kullarına bildirmek için zaman zaman peygamberlerine kitaplar indirmiştir.

Cebrâil (a.s.) vasıtası ile peygamberlere vahiy olarak gönderilen kitap ve suhufun (sayfaların) adedi 104'tür.

SUHUF (SAYFALAR):

10 Suhuf, ÂDEM aleyhisselâm'a,
50 Suhuf, ŞÎT aleyhisselâm'a,
30 Suhuf, İDRÎS aleyhisselâm'a,
10 Suhuf, İBRÂHÎM aleyhisselâm'a, gönderilmiştir ki, tamamı 100 suhufdur. (Sahîfelerdir.)

KİTAPLAR

1- **Tevrat,** Mûsâ aleyhisselâm'a,
2- **Zebûr,** Dâvûd aleyhisselâm'a,
3- **İncil,** Îsâ aleyhisselâm'a,
4- **Kur'ân,** Peygamberimiz MUHAMMED MUSTAFA'ya (s.a.v.) gelmiştir. Kur'ânın gelmesiyle ilk üçünün hükmü kaldırılmıştır. Kur'ân-ı Kerîm 114 sûre, 6666 âyettir. İki durak arasına bir âyet denir. Kur'ân'ın bir harfi bile değişmemiştir. Dünyadaki bütün Kur'ân'lar aynıdır. Kur'ân-ı Kerim ebediyen Allâh'ın himayesinde olup değişmeyecektir.

PEYGAMBERLERE ÎMÂN

Îmânın dördüncü şartı peygamberlere inanmaktır.

Peygamberler, Cenâb-ı Hakk'ın, şerîatını, emirlerini, yasaklarını, haberlerini kullarına bildirmek için gönderdiği mümtaz zâtlardır. Peygamberler insanları, Allâh'a şirk koşmak ve puta tapmak gibi dalâletlerden kurtarmaya, inananları hem dünyada hem de âhirette saâdete erdirmeye vesiledirler. İnsanların akılları gerçek kurtuluş yolunu bulmakta yetersiz olduğundan Hazreti Allâh, kullarının ebedî saadeti ve doğru yolu bulmaları için rehber olarak peygamberler göndermiştir. Peygamberler, Allâh tarafından **mûcizelerle** kuvvetlendirilmişler; Allâh'ın izni ile bir çok hârikulâde yani eşi görülmemiş ve olamaz diye bilinen şeyler, onların elinde kolayca olmuştur.

İlk insan ve ilk peygamber Âdem aleyhisselâm'dır. İşte bunun içindir ki, yaratılışı itibariyle üstün bir varlık olan insanın, aslı, bazı yanlış düşünenlerin iddia ettiği gibi maymun değil; yine insandır. Esâsen "İnsanın aslı maymundur" diyenlerin bu bâtıl iddiasını, asrımızın inkişâf eden ilmi ve fenni kökünden çürütmüştür. Hiç şüphesiz bilinmelidir ki, bizim aslımız maymun değil; Cennetten gelme ve tertemiz Hazret-i Âdem ile Hazret-i Havvâ'dır.

PEYGAMBERLERİN SIFATLARI

Peygamberler hakkında bilinmesi vâcip ve zarûrî olan sıfatlar beştir.

1- **Sıdk:** Peygamberler doğrudurlar. Aslâ yalan söylemezler.

2- **Emânet:** Emîndirler. Her hususta kendilerine güvenilir.

3- **Tebliğ:** Allâhü Teâlâ'nın emir ve yasaklarını hiç noksansız ve çekinmeden tebliğ ederler.

4- **Fetânet:** Son derece zekidirler.

5- **Ismet:** Masumdurlar; günah işlemekten uzaktırlar.

Peygamberimiz Muhammed Mustafâ (s.a.v)**'in diğer peygamberlerden ayrı beş vasfı daha vardır:**

1- Bütün peygamberlerden efdaldir (üstündür).

2- Bütün insanlara ve cinlere gönderilmiştir.

3- Hâtemü'l-Enbiyâ; peygamberler silsilesinin son halkası, yani son peygamberdir. Ondan sonra peygamber gelmeyecektir.

4- Bütün âlemlere rahmet olarak gönderilmiştir.

5- Şerîatı, kıyâmete kadar devam edecektir.

Kur'ân-ı Kerîm'de isimleri geçen peygamberler:

Hazret-i Âdem aleyhisselâmdan Peygamber Efendimize kadar gönderilen peygamberlerin yalnız 28 tanesinin isimleri Kur'ân-ı Kerîm'de zikredilmiştir. Kur'ân-ı Kerim'de adları geçen ve bilinmeleri vâcip olan peygamberlerin mübârek isimleri şunlardır:

1) Âdem	**8) İsmâîl**	**15) Hârûn**	**22) Zekeriyyâ**
2) İdrîs	9) İshâk	16) Dâvûd	23) Yahyâ
3) Nûh	**10) Yâkûb**	**17) Süleyman**	**24) Îsâ**
4) Hûd	11) Yûsüf	18) Yûnus	25) Üzeyr*
5) Sâlih	**12) Eyyûb**	**19) İlyâs**	**26) Lokmân***
6) İbrâhîm	13) Şuayb	20) Elyesa'	27) Zülkarneyn*
7) Lût	**14) Mûsâ**	**21) Zülkifl**	

28) Hazret-i Muhammed Mustafâ (Aleyhimüsselâm)

* Bu üç mübârek zâta evliyâ diyenler de vardır.

PEYGAMBERİMİZ

PEYGAMBERİMİZİN ECDÂD-I ÂLÎSİ (Dedeleri): Peygamberimiz'in kendisinden itibaren, Hz. İsmâil'in sülâlesinden olan Adnan'a kadar baba sülâlesi şöyledir:

Hz. Muhammed, Abdullah, **Abdülmuttalib,** Hâşim, **Abdimenâf,** Kusayy, **Kilâb**, Mürre, **Kâ'b,** Lüey, **Gâlib,** Fihr, **Mâlik,** Nadr, **Kinâne,** Huzeyme, **Müdrike,** İlyas, Mudar, **Nizâr,** Me'âd, **Adnân** hazretleridir.

Peygamberimizin anne cihetinden sülâlesi:

Hz. Muhammed, Âmine, **Vehb,** Abdimenâf, **Zühre,** Kilâb hazretleridir.

Peygamberlerin her hususta en üstün, en büyük olanı, şüphesiz bizim Peygamberimiz Hz. Muhammed Mustafâ (sallallâhü aleyhi ve sellem)'dir. Peygamberimizden evvel gönderilen peygamberlerden çoğu, belli bir topluluğa, bir şehir veya köy halkına gönderilmiştir. Peygamber Efendimiz ise bütün insanlığa, bütün mahlukâta yani, onsekiz bin âlemin tamamına rahmet olarak gönderilmiştir. Onun insanlığa nasıl ve ne büyük bir rahmet olduğunu anlamak için, dünyaya gelmezden evvelki insanlığın haline bir bakmak lazımdır:

Bilindiği gibi, Fahr-i Âlem Efendimizin teşrifinden önce bütün dünyada her bakımdan kötülüklerin ve karışıklıkların hüküm sürdüğü bir fetret devri mevcuttu. O günün insanları her türlü bid'at ve sapıklık içindeydi.

İnsanlık, hak, adâlet ve medeniyetten uzak, korkunç bir vahşetin girdabına gömülmüştü. Fuhuş ve eşkiyalık, her türlü zulüm ve zorbalık almış yürümüştü. Öyle ki, kimin kime gücü yetiyorsa o, diğerinin malına, canına, ırzına tecavüz ediyor, elinde nesi varsa alıyordu. Hatta bir kısım insanlar hurafe ve bâtıl inançlarla hareket ederek kendi kız çocuklarını çukurlara gömüyor, öldürüyorlardı. Vahşet ve ahlâksızlığa öylesine dalmışlardı ki; bir kadını birkaç erkek ortaklaşa alabiliyordu. Kadının cemiyette hiç değeri yoktu. Para ile alınıp satılabilen basit bir eşya muâmelesi görüyordu. İnsanlar, birbirlerine diş bileyen düşman gruplar halinde kabilelere ayrılmış, kabileler arasında kan davaları almış yürümüştü.

İşte böyle bir devirde Resûl-i Ekrem Efendimiz (sallallâhü aleyhi ve sellem), Mekke-i Mükerreme'de, Mîlâdın 571'inci senesinde Rebîulevvel ayının 12'inci gecesi sabaha karşı dünyayı şereflendirdiler.

Peygamberlik silsilesinin son halkası olan Peygamberimizin, kırk yaşına girip daha kendisine nübüvvet ve şerîat verilmezden evvel bile, elinde bir çok harikalar zuhur etmişti. "Emrolunduğun gibi dosdoğru ol" ilâhî emrine tam manasıyla uyduğu için, hayatının her kademesinde sadakat ve doğruluğun canlı bir örneği olmuştur.

O her türlü riya ve yalandan uzaktı. Devrinde kimse kimseye itimat edemez ve güvenemezken, herkes ona inanıyor, ona itimat ediyor, ihtilafa düştükleri meselelerde onun hakemliğine ve hükmüne razı oluyorlardı.

Onu inkâr eden düşmanları bile, onun sadâkat ve doğruluğunu, yalan ve riyadan uzak olduğunu itiraf ederlerdi. Onda gördükleri eşsiz ahlâk ve yüksek seciyeyi takdir eder, ona "Muhammedü'l-Emîn" (Emniyetli Muhammed) derlerdi.

İşte, âlemlere rahmet Efendimiz, cihânın böylesine zulmetle dolu olduğu bir devirde gelmiş, bâtıl inançları kaldırmış, imân ve İslâm nûru ile âlemi karanlıktan kurtarmış, insanlığa dünya ve âhiret saâdetinin anahtarlarını vererek, hakîkî medeniyet yolunu göstermiştir.

Bugün, İslâm târihini tarafsız şekilde tetkik eden birçok müsteşrik (gayri müslim doğubilimcisi) bile, Peygamberimizin yüksek mertebesini, güzel ahlâkını ve insanlık için gerçekten rahmet ve en büyük kurtarıcı olduğunu kabul etmeye mecbur kalmış, ona hayranlık duymaktan kendilerini alamamışlardır.

Mahmud Es'ad tarafından tercüme edilen bir eserde meşhur İngiliz filozofu T. Karlayl şöyle diyor:

"Hazret-i Muhammed (s.a.v.) riyâdan tamamen uzak olduğundan onu severim... Beşerde Hazret-i Muhammed'i tartacak bir terazi de yoktur. O, tartılamayacak kadar ağır ve büyüktür."

İnsaf sahibi gayr-i müslimler, Peygamberimize bu derece hayranlık duyar, alaka ve muhabbet gösterirse, onun ümmeti olan bizlerin, ona nasıl bir sevgi ve hürmetle bağlanmamız gerektiğini düşünmek lazımdır.

Burada şunu da ilave edelim ki, Peygamberimiz dünyayı şereflendirdikten sonra, daha önce gelmiş Peygamberlerin getirdikleri şerîatların hükmü kalmamıştır. Hakkâniyet ve hükümranlık sadece Kurân-ı Kerîm'e ve bizim Peygamberimize aittir. Onun içindir ki, Peygamberimiz bir ara Hazret-i Ömer'in elinde mensuh Tevrat sahifelerinden bir parça görünce ona adeta çıkışarak:

"Siz de Yahûdi ve Hıristiyanlar gibi bana verilen nübüvvetten, bana indirilen Kur'ân'dan şüphe ve tereddüt mü ediyorsunuz? Vallâhi, Tevrat kendisine indirilen Mûsa Peygamber (şu anda) hayatta olsa idi, bana tâbi olmaktan başka hiçbir kudreti olamazdı." buyurarak bu gerçeği ifade etmişlerdir.

Binaenaleyh, Peygamberimizin ve Kur'ân-ı Kerîm'in gelmesiyle İncil ve Tevrat'ın hükmü kaldırılmıştır. Kıyamete kadar hükmü geçerli tek kitap Kur'ân-ı Kerîm'dir. Tasarruf ve hükümranlık da, ancak bizim Peygamberimiz Muhammed Mustafâ (s.a.v.)'ya âittir.

Peygamberimizi İyi Tanıyalım

Dünya ve âhirette şerefli, faziletli ve iyi insan olabilmek; âlemlere rahmet olan Peygamberimiz Muhammed Mustafa'yı (s.a.v.) iyi bilmek, iyi anlamak ve ona hakiki ümmet olmakla mümkündür. Bir insan, Peygamberimizi bilmedikten, tanımadıktan, sevmedikten sonra hiçbir şeyle şerefli ve faziletli olamaz.

Peygamberimizin adı **Muhammed**, babasının adı Abdullah, annesinin adı Âmine'dir. Ana rahminde yedi aylık iken babası vefât etmiştir. Mîlâdî 571 senesi Nisan ayının yirminci; Rebîulevvel ayının onikinci (Pazartesi) gecesi sabaha karşı Mekke'de doğmuştur. Doğduğu zaman hiçbir çocuğa benzemiyordu. Onda gözüken peygamberlik nûru, bakan gözleri kamaştırıyordu.

Dört yaşına kadar süt annesi Halîme'nin yanında kaldı. Sonra ailesine teslim edildi. Altı yaşında iken annesi Âmine vefât etti. Dedesi Abdülmuttalib onu yanına aldı. Fakat annesinden iki sene sonra, sekiz yaşında iken dedesi de vefat etti. Bu defa da amcası Ebû Tâlib'in yanında kaldı.

Peygamberimizin çocukluk ve gençlik çağları, bekârlık-evlilik devirleri, hâsılı bütün hayâtı hiç bir insana nasîp olmayan fazîlet ve kemâlât ile geçmiştir.

Yirmibeş yaşında Hadîcetü'l-Kübrâ vâlidemiz ile evlendi. Hiç bir zaman putlara tapmadı. Çocukluğundan beri onları hiç sevmezdi. Hazret-i İbrâhim Aleyhisselâm'ın dîni üzere Allâh'a ibâdet ederdi. Zaman zaman Mekke'nin yanında bulunan Hirâ dağına gider, Allâh'ın kudret ve büyüklüğünü düşünürdü. Allâh'ın kendisine tâ ezelde ihsân ettiği aşk ile muhabbet denizine açılır, kalbinde yanan tevhid nûrunun pırıltıları içinde Allâh'ı zikrederdi.

Peygamberimiz yine bir gün, Hirâ mağarasında kendisine hâs lâhûtî âleme dalmışken, Cebrâîl aleyhisselâm Allâh'ın emri ile ona peygamberlik vazîfesini bildirmeye geldi. İnsanlığın kurtarıcısı ve Allâh'ın sevgilisi Hazret-i Muhammed sallallâhü aleyhi ve sellem'e:

" – Oku!" dedi. Peygamberimiz Efendimiz (s.a.v.) "Neyi okuyayım" dedi. Cebrâil (a.s.) Peygamber Efendimiz'i tutup sıktı, sonra bıraktı.

Cebrâil (a.s.) tekrar:

" – Oku!" dedi. Peygamberimiz Efendimiz (s.a.v.) "Neyi okuyayım" dedi. Cebrâil (a.s.) tekrar Peygamber Efendimiz'i tutup sıktı, sonra bıraktı ve üçüncü defa:

"– Oku!" dedi. Peygamberimiz Efendimiz (s.a.v.) "Neyi okuyayım" dedi. Cebrâil (a.s.) tekrar Peygamber Efendimiz'i üçüncü defa tutup sıktı, sonra bıraktı.

Böylece Cebrâil (a.s.) tarafından kendisine mânevî bir ameliyat tatbik edilmiş oldu. Sonra Cebrâil (a.s.),

"- Seni yoktan var eden, tedrîcen terbiye edip büyüten, kemâle ulaştıran Rabbinin ism-i şerîfi ile oku. O, insanı pıhtılaşmış kandan yarattı. Oku! O çok kerîm olan Rabbinin hakkı için ki, o, kalemle tâ'lîm etti; insana bilmediğini öğretti." meâlindeki Alak Sûresinin ilk beş âyetini okudu.

Böylece Hazret-i Muhammed (sallallâhü aleyhi ve sellem)'e Peygamberlik vazifesi verildi. Kur'ân-ı Kerîm, yirmi üç senede tamam oldu. On üç sene insanları Mekke'de hak yola davet etti. Büyük meşakkatlar ve ızdıraplar çekti. Her şeye sabredip Allâh'ın varlığını, birliğini yaymaya çalıştı. Sonra Medîne-i Münevvere'ye hicret etti. On sene de Medîne'de peygamberlik vazifesini bütün gücü ile yerine getirdi. İnsanlara insanlığı öğretti, medeniyeti belletti. Karanlık gönülleri İslâm'ın nûru ile aydınlattı. Böylece vazifesini tamamladı. Altmış üç yaşında vefât etti.* İnsanlık âlemine hidâyet rehberi olan Kur'ân-ı Kerîm'i ve sünneti seniyyesini tavsiye ve emânet etti.

Salât sana, selâm sana ey Allâh'ın Resûlü. Seni hakkı ile bilen ve öven âlemlerin Rabbi Allâhü Teâlâ'dır. Sen Rahmeten lil'âlemînsin. İns ü cinnin peygamberisin. Sen Hâtemü'l-Enbiyâ'sın. Sen "Levlâke levlâk, lemâ halaktü'leflâk" hitâb-ı izzetinin muhatâbısın. Sen Muhammed Mustafâ'sın (sallallâhü aleyhi ve sellem).

ASHÂB-I KİRÂM

Ashâb, Peygamber Efendimizi bir kere bile olsa îmân gözüyle görüp, sohbetinde bulunan müslümanlardır. Ashâb'ın hepsi çok büyük derece sahibidirler. Çünkü onlar, Peygamberimizi gözleriyle görmüş, en zor zamanlarda onun etrafında kenetlenip mallarıyla, canlarıyla Îmân ve İslâm'ın yayılması için cihâd etmişler, büyük gayretler göstermişlerdir. Böylece Peygamberimizin en büyük teveccühünü kazanmışlardır. Hepsi de tepeden tırnağa adeta nûr haline gelmişlerdir.

---

* Peygamber Efendimiz'in (s.a.v.) hayatı hicrî takvime göre 63 yıldır. Çünkü hicretten 53 yıl önce doğmuş ve hicretten 10 yıl sonra vefat etmiştir. Mîlâdî takvime göre ise hayatı 632-571= 61 yıldır. Aradaki 2 yıl fark, hicrî takvimde bir yıl 354 veya 355 gün, mîlâdî takvimde ise 365 gün olduğu içindir.

Ulvî dînimizin yayılmasında onlar önderlik etmişlerdir. Bu devirde bir insan tek başına bütün dünyâyı fethetse, dünya dolusu altın tasadduk etse, yine de ashâbın en küçüğünün mertebesine erişmesi mümkün değildir. Biz müslümanlar, Ashâb-ı Kirâmın hepsini sevmek, saymak ve hepsine hürmet etmekle mükellefiz. Onların aralarında meydana gelen bâzı ihtilaflardan dolayı, hiçbirinin aleyhinde tek kelime söyleyemeyiz. Zîrâ onlar müctehiddir ve ictihadla hareket etmişlerdir. Onlardan birinin aleyhinde konuşan insanın îmânı zayıflar, dîni çok büyük zarar görür. O insan inancını düzeltmedikçe asla kâmil bir mü'min olamaz.

Ashab iki kısımdır:

1- Muhâcirîn,

2- Ensâr.

Muhâcirîn, mallarını, mülklerini bırakarak Allâh rızâsı için Mekke'den Medîne'ye hicret eden Mekkeli müslümanlardır.

Ensâr ise, Medîne'nin yerlisi olan müslümanlardır. Medîne'ye hicret eden müslüman kardeşlerine, Allâh rızâsı için bütün varlıklarıyla yardımda bulunmuşlardır. Her iki zümre de Allâh rızâsı için yaptıkları bu hareketlerinden dolayı çok büyük sevap ve derece kazanmışlardır.

Peygamberlerden sonra insanların en büyüğü Ashâb-ı Kirâm'dır. Ashâbın da en büyüğü sırasıyla Hazret-i Ebû Bekir, Hazret-i Ömer, Hazret-i Osman, Hazret-i Ali'dir. (Radıyallâhü anhüm)

ÂHİRET GÜNÜNE ÎMÂN

Îmânın beşinci şartı âhiret gününe inanmaktır.

Sûr'un üflenmesi, bütün ölülerin dirilip kabirlerinden kalkması, amel defterlerinin kendilerine verilmesi ve mahşer meydanında toplanıp suâl ve hesaba çekilmesi ile mîzân, şefâat, sırat, kevser, cennet ve cehennem gibi âhiret hayâtına âit hususlara inanmaktır.

Âhiret, bu dünyâdan sonraki sonsuz hayâttır. Allâhü Teâlâ, bu dünyayı ve bütün varlıkları geçici bir zaman için yaratmıştır. İsrâfîl Aleyhisselâmın birinci sûru üfürmesiyle kıyamet kopup bütün canlılar ölecek, dünya ve dünya dışındaki her şey parçalanıp yok olacaktır. İkinci sûrun üflenmesi ile de mahlukât yeniden dirilerek hesap vermek için mahşer yerine toplanacaklardır. Mahşerde Allâh'ın huzurunda bütün insanlar ve cinler yaptıklarından hesâba çekilecek, en ince teferruâtına kadar hesap verecekler, haklı, haksızdan hakkını alacaktır. Hesap işi bittikten sonra, iyiler Cennet'e, kötüler Cehennem'e girecektir. Mü'minler Cennet'te Cenâb-ı Hakk'ın cemâlini göreceklerdir. Âhirete inanmayan, Allâh'a ve peygambere de inanmamış olur.

ECEL

Ecel, insanın mukadder (Allâh tarafından yazılıp kararlaşmış) olan ömrünün nihâyetine denir. Ecel geldiği zaman, ne bir dakika ileri gider ne de bir dakika geri kalır. İnsan her ne sebeple ölürse ölsün, eceli ile ölmüş olur.

KADER VE KAZÂYA ÎMÂN

Îmânın altıncı şartı kadere inanmaktır.

Kader ve kazâ meselesi bazan zor anlaşıldığından, kolay kavrayabilmek için, önce insandaki **irâde-i cüz'iyye**'yi îzâh edelim.

İRÂDE-İ CÜZ'İYYE

İrâde-i cüz'iyye: Cenâb-ı Hakk'ın kuluna verdiği mahdut bir salâhiyet ve tercih hakkıdır. Fakat ehemmiyeti pek büyüktür. Zîrâ insan, irâdesini hayra sarf ederse Mevlâ hayrı, şerre sarf ederse şerri yaratır. Bu itibarla insan, cenneti de, cehennemi de bu irâde ile kazanır. Evet, Hâlık (Yaratıcı) yalnız Allâhü Teâlâ'dır. O dilemezse, o yaratmazsa hiç bir şey olmaz. Şu kadar ki, kul kâsib yani isteyip çalışan, Mevlâ ise Hâlik yani yaratan'dır.

İnsana verilen irâde-i cüz'iyye otomobilin direksiyonu gibidir. İnsan direksiyonu ne tarafa çevirirse otomobil o tarafa gider. Bu sebeple, isyan içinde olan bir kimse, "Ben ne yapayım, Allâh böyle dilemiş, böyle yaratmış" deyip mes'uliyeti üzerinden atıp sıyrılamaz. Evet, Allâh dilemiştir ama, kulun irâdesi ve çalışması bu yolda olduğu için dilemiştir. Zâten kulda, böyle bir irâde-i cüz'iyye yâni tercih hakkı olmasaydı, Cenâb-ı Hak kuluna imtihan fırsatı vermemiş, onu hayra veyâ şerre zorlamış olurdu. Hâlbuki Cenâb-ı Hak kuluna zorla bir günahı yaptırıp, sonra da cezâlandırmaktan münezzehtir.

Bazı kimseler, "Ezelde bazılarının rûhu secde etmiş, bazılarının etmemiş. Ezelde rûhu secde etmeyenler kâfir gider." derler. Asla böyle bir şey yoktur. Bu iddiâ insanın îtikâdını kökünden sarsar. Ezel îtirâz yeri değildir. Orada isteyerek veya istemeyerek herkes secde etti. Cenâb-ı Hak bütün ruhlara "Elestü birabbiküm (Ben sizin Rabbiniz değil miyim?)" diye sorduğunda bütün ruhlar istisnâsız olarak, "Belâ (Evet Rabbimizsin Yârabbi)" diye ahid verdiler.

Yine bazıları da "Sen ne yaparsan yap, Allâh dilediğine hidâyeti dilediğine dalâleti halkeder" diyorlar. Bu düşünce de asla doğru değildir. Bu husustaki Âyet-i Kerîmeyi çokları yanlış tefsir ve izah ediyor.

Üstâzım, hocam Süleyman Hilmi Tunahan Efendi Hazretleri bu husustaki Âyet-i Kerîmeyi: "Allâh, hidâyeti isteyip, hidâyeti dileyenlere hidâyeti; dalâleti isteyip, dalâleti dileyenlere de dalâleti halkeder" diye tefsir ve îzâh ederler ve derlerdi ki:

"Ezelde Ahmed cennetlik, Mehmed cehennemlik diye zât ve şahıs üzerine bir hüküm yoktur. Ancak elbiseler biçilmiş; (İman elbisesi, itaat elbisesi, nur elbisesi) şu elbiseleri giyenler cennetliktir denilmiş; ayrıca küfür, isyan, zulmet elbiseleri biçilmiş, bunları giyenler de cehennemliktir denilmiştir. Kul, irâde-i cüz'iyyesiyle bu elbiseleri seçmekte tamamen serbest bırakılmıştır. Binaenaleyh, insan irâde-i cüz'iyyesi ile bunlardan hangisini seçer ve giyerse oraya gider."

Kul, bütün fiillerinden kendisi mes'ul olduğuna göre artık kula lazım gelen isyan etmek değil, mukadderâta boyun eğmek ve başa gelene râzı olmaktır. Bununla beraber görünür görünmez belâlardan bizi koruması ve sıhhat ve âfiyet içinde bir ömür vermesi için Cenâb-ı Hakk'a yalvarmak da üzerimize düşen mühim bir vazifedir. Peygamber Efendimiz bir hadîs-i şerîflerinde, **"Sadaka vermek belâyı defeder, ömrü uzatır"** buyurmuşlardır.

KADER

Kader, ilahi programdır; ezelden ebede kadar hayır ve şer -iyi kötü- meydana gelecek bütün hâdiseler hakkında Cenâb-ı Hakk'ın kendi ilmi îcâbı bilip irâde ve takdir buyurmasıdır.

KAZÂ

Kazâ, Cenâb-ı Hakk'ın ezelde takdir buyurduğu hâdiselerin, zamanı gelince ilim ve irâdesine uygun olarak meydana gelmesidir.

Meselâ; herhangi bir insanın falan günde dünyaya gelmesini Allâhü Teâlâ'nın ezelde dilemiş ve takdir etmiş olması bir kaderdir. O insanın takdir edilmiş günde yaratılması bir kazâdır.

RIZIK MESELESİ

Rızık, Allâhü Teâlâ'nın, hayat sahiplerine gıdalanmaları için verdiği ve onların da yediği şeylerdir. Lâkin insan kendi öz irâdesi ile rızkını helâl veya haram yollardan kendisi seçer ve Allâhü Teâlâ da o yoldan verir. İşte bunun için, rızkını helâlden talep etmeyip haram yiyenler irâde ve ihtiyarlarını kötüye kullandıklarından kendileri mes'uldürler.

Rızka değil, Rezzâk'a, yâni rızkı verene bağlanmak lazımdır. Her canlının rızkını veren Rezzâk-ı Âlem olan

Hz. Allâh'dır. Ona inanmak, ondan istemek gerekir. Zîrâ, onun hazinesi büyüktür, sonsuzdur. Ona hakiki bir imanla bağlananlar sıkıntı çekmezler. Fakat, Rezzâk olan Allâhü Teâlâ'yı unutup da rızka bağlı kalanlar çok sıkıntı çekerler ve hüsrandan kurtulamazlar.

TEVEKKÜL

Tevekkül, maksada erişmek için, maddî ve mânevî sebeplerin hepsini yerine getirdikten sonra, neticesini Allâhü Teâlâ'dan beklemektir. Kişi şayet beklediğine ulaşamazsa, üzülmemeli; "Hakkımda belki bu daha hayırlıdır" diyerek, kaderine râzı olmalıdır. Çünkü, Kur'ân-ı Kerîm'de Cenâb-ı Hak, "Siz birşeyi seversiniz, onun için çalışır ve onu elde etmek istersiniz, fakat bilmezsiniz ki, onun sonunda sizin için şer vardır. Yine siz birşeyi sevmezsiniz, hoşunuza gitmez ve istemezsiniz, fakat bilmezsiniz ki, sizin için onun sonunda hayır vardır" buyuruyor.

ŞİİR

Açılır bahtımız birgün hemen battıkça batmaz ya,
Sebepler halk eder Hâlık, kerem bâbın kapatmaz ya.
Benim Hakk'a münâcâtım değildir rızk için hâşâ,
Hudâ Rezzâk-ı âlemdir, rızıksız kul yaratmaz ya.

Erzurumlu İbrâhim Hakkı

ÎMÂNIN DEVAMININ ŞARTLARI

Îmânı muhafaza hususunda bütün müminlerin aşağıdaki hususlara dikkat etmesi lazımdır:

1- Gaybe inanmak. Gayb, beş duyu ile anlaşılamayan şeylerdir. Allâh, melek, cennet, cehennem ve cin gibi.

2- Helâlin helâl olduğuna inanmak. Yâni helâl şeylere haram dememek.

3- Haramın haram olduğuna inanmak. Yani haram olan şeylere helâl dememek. Meselâ: Bira dahil alkollü içkilere faize ve diğer haram olan şeylere helâl dememek.

4- Dâimâ Allâh'dan korkmak.

5- Mukaddesâta (İslam'ın mukaddes saydığı şeylere) hürmetkâr olup hafife almaktan kaçınmak.

6- Allâh'ın rahmetinden ümidini kesmemek.

7- Kâfiri kâfir bilmek, mü'mini mü'min bilmek. Mesela: Bir kimse, sözle, yazıyla veya fiilen din düşmanlığı yapan birine Müslüman dese dinden çıkar.

Ayrıca, dine hizmet eden ve dîni yaymaya çalışan îmân sahiplerine de kâfir diyen, yine dinden çıkmış olur.

8- Allâh'a mekân izâfe etmemek. Meselâ, Allâh göktedir demek insanı dinden çıkarır.

9- Kur'ân'a şüphesiz inanmak. Meselâ, Kur'ân'ın eksik veya fazla olduğunu söylemek, Cebrâil hata etti demek, insanı dinden çıkarır.

ÎMÂNIN KORUYUCU KALELERİ

Îmân, mü'minin kalbinde Allâh'ın yaktığı bir meşale, bir nurdur. Bunun koruyucu kaleleri, çerçevesi, surları ise, aşağıdaki şekilde görüleceği gibi farzlar, vâcipler, sünnetler, müstehaplar, menduplar ve nâfilelerdir.

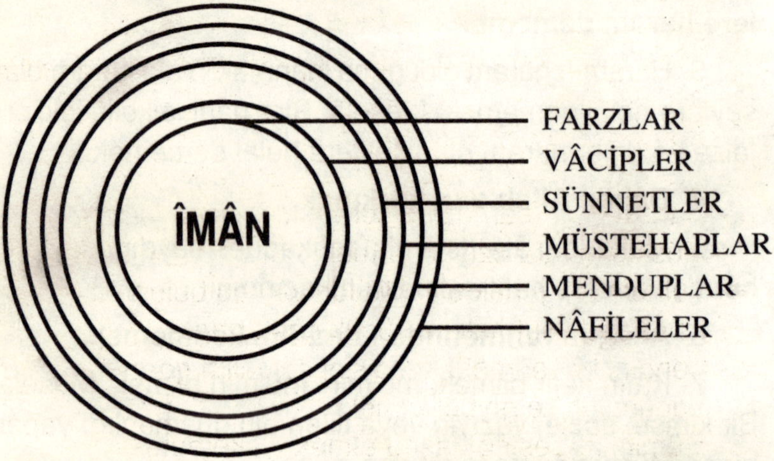

Îmân, bu ibâdetlerle çerçevelenip kale içine alınarak korunur. Îmânı koruyan bu kaleleri yıkanlar yâni, farzları, vâcibleri, sünnetleri terk edenler, îmânlarını kolay kolay muhafaza edemezler.

Farz, vâcip, sünnet, müstehâb, mendûb ve nâfilelerin tarifleri ilerideki sayfalarda gelecektir.

HER MÜSLÜMANIN DİKKATLE KAÇINMASI GEREKEN HUSUSLAR

1- Ehl-i Sünnete uymayan (bozuk) i'tikatlar,
2- Sâlih amelleri terk etmek,
3- Niyette ve işlerinde doğruluktan ayrılmak,
4- Günahta ısrar etmek (Günah işlemeye devam etmek),
5- İslâm nimetine şükrü terk etmek,
6- Îmânsız gitmekten korkmamak,
7- Başkalarına zulmetmek,
8- Sünnet üzere okunan ezana icâbet etmemek,
9- Dîne aykırı olmayan hususlarda, anne ve babasına âsî olmak,
10- Boş yere ve çok yemin etmek.
11- Namazı hafife almak, tadîl-i erkânı terk etmek,
12- Haram olan (sarhoşluk veren) içecekleri içmek,
13- Müslümanlara eziyet vermek,
14- Velî olmadığı hâlde velîlik iddiasında bulunmak,
15- Günahını unutmak ve küçük göstermek,
16- Kendini beğenmek, kendisini çok âlim görmek,
17- Koğuculuk ve gıybet etmek,
18- Mümin kardeşine hased etmek, çekememek,
19- Ülü'l-emre itâat etmemek (isyan etmek),
20- Bir adam için, tahkik etmeden (bilmeden), iyi veya kötüdür diye hüküm vermek,
21- Yalan söylemek,
22- Dîni öğrenmekten kaçınmak (öğrenme imkânı varken öğrenmemek),
23- Erkeklerin kadınlara, kadınların erkeklere benzemeye çalışması,
24- İslâm dininin düşmanlarına sevgi beslemek,
25- Hakîkî din âlimlerine düşman olmak.

EDİLLE-İ ŞER'İYYE

Edille-i şer'iyye, dînî ve şer'î hükümlerin çıkarıldığı ve dayandıkları kaynaklardır ki, bunlar da dörttür:

1- Kitap: Kur'ân-ı Kerîm.

2- Sünnet: Peygamberimizin mübârek sözleri, işledikleri ve başkaları tarafından yapılan işlerde o işi tasvip mâhiyetindeki sükûtlarıdır.

3- İcmâ-ı Ümmet: Bir asırda, Ümmet-i Muhammed'in müctehidlerinin bir mesele hakkında ittifak etmeleridir.

4- Kıyâs-ı Fukahâ: Bir hadisenin kitap, sünnet ve icmâ-ı ümmetle sabit olan hükmünü; aynı illete dayandırarak o hadisenin tam benzerinde de ictihad yolu ile isbât etmekten ibârettir.

İctihâd: Şer'î hükmü, şer'î delîlinden çıkarma husûsunda olanca ilmî kuvvetini sarfetmektir.

Müctehid: Herhangi bir şer'î hükmü âyet-i kerîme ve hadîs-i şeriflerden çıkaran, kıyas yapabilen büyük âlimdir. Müctehid olabilmek için, bütün İslâmî ilimlere vakıf olduktan sonra mevhibe-i ilâhî (Allâh vergisi) olan ledünnî ilme de mazhar olmak lâzımdır.

İLMİN YOLLARI VE BİLGİ VASITALARIMIZ

İlmin yolları üçtür.

1- Havâss-i selîme: Görme, işitme, tatma, dokunma ve koklama isimlerini verdiğimiz beş duygu.

2- Haber-i sâdık: Doğru haberdir ki, iki kısımdır:

a) Peygamberlerin verdiği haber,

b) Yalanda birleşmeleri mümkün olmayan bir topluluğun verdiği haber.

3- Akıl.

MEZHEBLER

MEZHEB

Mezheb, büyük din müctehidlerinin edille-i şer'iyyeden çıkardıkları mes'eleler ve hükümler topluluğudur.

İtikatta ve amelde hak mezheb; Ehl-i sünnet ve Cemâat mezhebi'dir. Bu da Peygamber Efendimizin ve Ashâbının itikad (inanç) ve ameli üzere olanların mezhebidir.

Ehl-i sünnet ve cemâat mezhebinin i'tikatta imamları ikidir:

1- İmam Ebû Mansûr Mâtüridî
2- İmam Ebü'l-Hasen Eş'arî.

Biz Müslüman Türkler'in umûmiyetle i'tikatta imâmı, İmam Ebû Mansûr Mâtüridî hazretleridir.

İmam Ebû Mansûr Muhammed Mâtüridî, hicrî 280 (M.894) târihinde Türkistan'da, Semerkand şehrinin Mâtürid köyünde doğmuş ve 333 (M.945) târihinde Semerkand'da vefât etmiştir.

İmam Eş'arî hazretleri H. 260 (M.873) târihinde Basra'da doğmuş, 324 (M.936) da Bağdat'ta vefat etmiştir.

AMELDE HAK MEZHEBLER

Ehl-i Sünnet ve Cemaat'in amelde mezhebi dörttür:

1- **Hanefî Mezhebi**: İmamı, İmâm-ı Â'zam Ebû Hanîfe'dir. Adı Nu'mân, babasının adı Sâbit'tir. Hicrî 80 (M.699) târihinde Kûfe'de doğmuş, 150 (M.767) târihinde Bağdat'ta vefat etmiştir.

2- **Mâlikî Mezhebi**: İmamı, İmam Mâlikü'bnü Enes'dir. Hicrî 93 (M.711) tarihinde Medîne-i Münevvere'de doğmuş ve 179 (M.795) tarihinde yine Medîne-i Münevvere'de vefat etmiştir.

3- **Şâfiî Mezhebi**: İmamı, İmam Muhammedü'bnü İdrîs-i Şâfiî'dir. Hicri 150 (M.767) târihinde Gazze'de doğmuş, hicri 204 (M.819) târihinde Mısır'da vefat etmiştir.

4- **Hanbelî Mezhebi**: İmamı, İmam Ahmedü'bnü Hanbel'dir. Hicri 164 târihinde Bağdat'ta doğmuş, hicri 240 (M.780-855) tarihinde yine Bağdat'ta vefat etmiştir.*

Amelde birer hak mezhep olan yukarıda zikrettiğimiz bu mübârek imamların mezhepleri, Kitap, Sünnet, İcmâ-i ümmet ve Kıyas-ı Fukahâ üzerine kurulmuştur.

---

* Peygamberimiz hayâtta iken Müslümanlar her türlü meselelerini Efendimizden, ondan sonra ise Sahâbe-i Kirâm'ın büyüklerinden sorup öğreniyorlardı. Mezheb İmamları diye bilinen bu mübârek zatlar dinî meseleleri Sahâbe-i Kirâm'dan öğrenmişler ve bunları bir araya toplamışlardır. Âyet, hadîs ve icmâ'da bulunmayan hususlarda da kendi görüşlerini yani ictihadlarını bildirmişler, böylece mezhepler meydana gelmiştir.

İSLÂM'IN ŞARTLARI

İslâm: Resûlullah Efendimiz'in tebliğ buyurduğu şeyleri dil ile ikrâr, kalb ile tasdik ederek Cenâb-ı Hakk'a itâat etmektir.

İslâm'ın şartı beştir. Yani İslâm dîni beş esas üzerine kurulmuştur.

1- Kelime-i şehâdet getirmek,

2- Namaz kılmak,

3- Zekât vermek,

4- Ramazan orucunu tutmak,

5- Haccetmek.

İslâmın şartlarını yerine getiren kimseye mümin ve müslüman denir. Bu şartlardan herhangi birini inkâr eden ise dinden çıkmış olur.

KELİME-İ ŞEHÂDET

İslâm'ın birinci şartı olan kelime-i şehâdet şudur:

أَشْهَدُ أَنْ لَا إِلٰهَ إِلَّا اللّٰهُ وَأَشْهَدُ أَنَّ مُحَمَّدًا عَبْدُهُ وَرَسُولُهُ

Eşhedü en lâ ilâhe illallâhü ve eşhedü enne Muhammeden abdühû ve resûlüh.

Mânâsı: Ben şehâdet ederim ki, Allâh'dan başka ilâh yoktur. Yine şehâdet ederim ki, Muhammed aleyhisselâm onun kulu ve resûlüdür.

EF'ÂL-İ MÜKELLEFÎN

İslâm dîni akıllı ve bâliğ olan müslüman erkek ve kadınlara bazı emir ve yasaklarda bulunmuştur. Bu emir ve yasaklara teklif, müslümanlara da mükellef denir. Mükelleflerin işlemeleri veya işlememeleri gereken şeylere **ef'âl-i mükellefîn** denir.

EF'ÂL-İ MÜKELLEFÎN SEKİZDİR

1- Farz: Kat'î delil ile sâbit olan hükümlerdir ve iki kısımdır:

a) Farz-ı ayın: Mükellef her müslümanın ancak kendisinin yapması ile yerine gelen amellerdir. Beş vakit namaz ve oruç gibi.

b) Farz-ı kifâye: Bazı müslümanların yapmaları ile diğer müslümanlardan mesûliyeti kalkan farzlardır. Cenâze namazı ve selâm almak gibi. Eğer böyle bir farzı müslümanlardan hiçbirisi yapmazsa hepsi mesul olurlar.

2- Vâcip: Farz derecesinde kat'î olmayan delille sâbit hükümlerdir. Vitir ve bayram namazları gibi.

3- Sünnet: Peygamberimizin sözü, işi ve başkası yaptığında hoş gördüğü şeylerdir. Sünnet ikiye ayrılır:

a) Sünnet-i müekkede: Peygamberimizin devamlı olarak yapıp, pek az terk ettiği sünnetlerdir. Sabah ve öğle namazının sünnetleri gibi.

b) Sünnet-i gayri müekkede: Peygamberimizin arasıra

yaptığı sünnetlerdir. İkindi ve yatsı namazlarının ilk sünneti gibi.

4- **Müstehab:** Peygamberimizin bazan işledikleri şeylerdir. Sadaka vermek ve nâfile oruç tutmak gibi.

5- **Mübâh:** İşlenmesinde sevap, terk edilmesinde günah olmayan şeylerdir. Oturmak, kalkmak, yemek, içmek gibi.

6- **Mekrûh:** İşlenmesi hoş görülmeyen ve amelin sevâbını eksilten şeylerdir. Namaz içinde etrafa bakmak gibi.

7- **Müfsid:** Başlanmış bulunan bir ibadeti bozan şeylerdir. Abdestli iken bir yerinden kan veya irin çıkmak, namazda gülmek ve oruçlu iken bir şey yemek gibi.

8- **Haram:** İşlenmesi kat'î delille yasak edilen şeylerdir. Alkollü içki içmek, anaya-babaya asi olmak gibi.

NAMAZ

Allâhü Teâla'ya ve Peygamber Efendimiz'e îmândan sonra İslâm'ın şartlarının en büyüğü ve en mühimi namazdır. Namaz îmânın alâmetidir. Bütün peygamberler ümmetlerine namazı en faziletli ibâdet olarak bildirmişlerdir.

Namazın farzları onikidir. Namazın dışındaki farzlarına **şart**, içindeki farzlarına ise **rükün** denir.

NAMAZIN ŞARTLARI

1- Hadesten tahâret,
2- Necâsetten tahâret,
3- Setr-i avret,
4- İstikbâl-i Kıble,
5- Vakit,
6- Niyet.

NAMAZIN RÜKÜNLERİ

1- İftitah tekbiri,
2- Kıyam,
3- Kırâat,
4- Rükû,
5- Secde,
6- Ka'de-i Ahîre.

HADESTEN TAHÂRET

Namazın şartlarından birincisi hadesten tahârettir.

Hades iki kısımdır:

Küçük hades: Abdesti olmamaktır.

Büyük hades: Cünüp olmak, ayrıca kadınların lohusa veya hayızlı (aybaşı hali) olmasıdır.

Kadın olsun erkek olsun; namaz kılacak kimselerin abdestsiz ise abdest alması, cünüp ise gusletmesi yani bütün vücudunu yıkaması şarttır. Kadınların da lohusalık ve aybaşı hallerinden sonra da gusletmeleri farzdır.

ABDEST

Abdest, belli âzâları usulüne göre yıkamaktan ve meshetmekten ibaret dinî bir temizliktir. Abdestsiz bir kimse namaz kılamaz, Kâbe'yi tavaf edemez, Kur'ân-ı Kerîme el süremez.

ABDESTİN FARZLARI

Abdestin farzları dörttür:

1- Yüzünü yıkamak,
2- Kollarını (dirsekleriyle beraber) yıkamak,
3- Başının dörtte birini meshetmek, yani elini su ile ıslatarak başına sürmek,
4- Ayaklarını (topuklarıyla beraber) yıkamak.

ABDESTİN SÜNNETLERİ

1- Niyet etmek,
2- Eûzü ve Besmele ile başlamak,
3- Evvelâ ellerini bileklerine kadar yıkamak,
4- Misvak kullanmak,
5- Bir âzâ kurumadan diğerini yıkamak,
6- Ağzına ve burnuna üç kere su vermek,
7- Kulağını meshetmek,
8- Parmaklarını hilâllemek; yani bir elin parmaklarını diğer elin parmakları arasına geçirip çekmek,
9- Âzâları üçer kere yıkamak,
10- Başını kaplama meshetmek,

11- Abdesti tertip üzere almak; yani abdest âzâlarını sırasıyla yıkamak,

12- El ve ayaklarını yıkamaya parmak uçlarından başlamak.

Abdest alırken okunacak birçok duâ olmakla beraber evlâ olan bütün âzâlarını yıkarken **besmele** çekip **kelime-i şehâdet** getirmektir.

ABDESTİN MEKRUHLARI

1- Sağ el ile sümkürmek,
2- Abdest âzâlarından birini üç defadan fazla veya eksik yıkamak,
3- Suyu yüzüne çarpmak,
4- Güneşte ısınmış su ile abdest almak.
5- Suyu çok az kullanmak veya israf etmek,
6- Abdest alırken konuşmak,
7- Sünnetlerini terk etmek,

ABDESTİ BOZAN ŞEYLER

1- Önden ve arkadan çıkan idrar, kan, meni, gâita gibi necâsetler,
2- Vücuttan kan, irin ve sarı su akmak,
3- Ağız dolusu kusmak,
4- Delirmek,
5- Sarhoş olmak,
6- Bayılmak,
7- Arkadan yel çıkmak,
8- Yan yatarak veya iki ayağını yana çıkarıp oturağı boşta kalacak şekilde veya bağdaş kurarak oturup uyumak. (Oturağı yere tamamen yerleştirmek sûretiyle uyumak abdesti bozmaz.)

9- Namaz içinde başkası işitecek derecede gülmek,

10- Dişlerin arasından çıkan kan, tükürükle müsâvî veya tükürükten fazla olmak.

Kan tükürükten az olduğu zaman, abdesti bozmadığı gibi, tıraş olmak, tırnak kesmek de abdesti bozmaz.

ABDEST NASIL ALINIR

1- Mümkünse kıbleye dönülür, yüksek bir yere oturulur, **Eûzü** ve **Besmele** çekilir.

2- Eller bileklere kadar üç kere yıkanır. Parmaklar birbiri arasına geçirilerek hilâllenir. Parmaktaki yüzük oynatılarak altına su ulaştırılır. (Resim: 1)

3- **Besmele** çekilerek ağıza su alınır. (Resim: 2) Varsa **misvak** kullanıp, yoksa başparmak ve şehâdet parmağıyla dişler ovulur. (Resim: 3) Ağız iki defa daha çalkalanır.

4- **Besmele** çekilir, burna su verilir. (Resim: 4) Oruçlu değilse su burnun yumuşağına kadar çekilip, sol elle burun temizlenir. Bu iş iki kere daha yapılır.

5- Abdeste kalb ile niyet edilip, **Besmele** çekerek avuca su alınıp yüz saç bitiminden çene altına, yan taraflardan da kulak yumuşaklarına kadar yıkanır. Kaşların altı ıslatılır. Bu iş iki kere daha yapılır. Her yıkamada yüz ovalanır. (Resim: 5)

6- **Besmele** çekerek sağ kol dirsekle beraber ovalanarak yıkanır. (Resim: 6) Bu iş iki kere daha yapılır. Sağ kolda olduğu gibi, sol kol da üç kere yıkanır. (Resim: 7)

7- Besmele çekerek sağ elle başın dörtte biri mesh edilir. (Resim: 8) Sonra şehâdet parmaklarıyla sağ ve sol kulaklar, başparmakla da kulağın arkası meshedilir. (Resim: 9) Elin baş ve işâret parmakları hariç, diğer üç parmaklar ile de boyun meshedilir. (Resim: 10)

Başın tamamını mesh sünnettir. Buna kaplama mesh denir.

Kaplama mesh şöyle yapılır:

Evvelâ, iki el ıslatılır, başparmak ve işaret parmakları ayrı tutulup üç bitişik ince parmaklar birbirine yapıştırılır. İç tarafları başın önünde saçların başlangıcına konulur. Başparmak ile şehâdet parmakları ve avuç içi havada olup, başa dokundurulmaz. İki el geriye doğru çekilerek meshedilir. Avuçların içi ile başın yan tarafı, arkadan öne doğru çekerek meshedilir. Sonra işaret parmakları ile kulakların içi meshedilir. Başparmaklar da kulak arkasına konulup, kulak arkaları yukarıdan aşağıya meshedilir. Diğer üç parmakların dış yüzleri ile de ense meshedilir. Boğaz meshedilmez.

8- **Besmele** ile sağ ayağın ucundan yıkamaya başlanır. (Resim: 11) Ve ayak parmakları sol elin küçük parmağı ile hilâllenir. Hilâllemeye sağdan sola doğru yani, sağ ayakta küçük parmaktan, sol ayakta ise baş parmaktan başlanır ve alttan üste doğru çekilerek yapılır. Sağ ayak gibi sol ayak da **besmele** ile yıkanır. (Resim: 12)

Her âzâyı yıkarken okunacak duâlar varsa da kelime-i şehâdet okunması büyükler tarafından uygun görülmüştür.

Abdesten sonra artan sudan ayakta ve kıbleye karşı birkaç yudum su içilir. **Kelime-i şehâdet** getirmek ve

سُبْحَانَكَ اللّٰهُمَّ وَبِحَمْدِكَ اَشْهَدُ اَنْ لَا اِلٰهَ اِلَّا اَنْتَ اَسْتَغْفِرُكَ وَاَتُوبُ اِلَيْكَ

“Sübhânekellâhümme ve bihamdik. Eşhedü en lâ ilâhe illâ ente estağfiruke ve etûbü ileyk” duasını okumak ve 1, 2 veya 3 defa **“Kadr sûresini”** okumak mendûptur.

KADR SÛRESİ

بِسْمِ اللّٰهِ الرَّحْمٰنِ الرَّحِيمِ

اِنَّا اَنْزَلْنَاهُ فِي لَيْلَةِ الْقَدْرِ ۝ وَمَا اَدْرٰيكَ مَا لَيْلَةُ الْقَدْرِ ۝ لَيْلَةُ
الْقَدْرِ خَيْرٌ مِنْ اَلْفِ شَهْرٍ ۝ تَنَزَّلُ الْمَلٰٓئِكَةُ وَالرُّوحُ فِيهَا بِاِذْنِ
رَبِّهِمْ مِنْ كُلِّ اَمْرٍ ۝ سَلَامٌ هِيَ حَتّٰى مَطْلَعِ الْفَجْرِ ۝

Bismillâhi’r-rahmâni’r-ra**hîm**

İnnâ enzelnâhü fî leyletil-kadr* Ve mâ edrâke mâ leyletül-kadr* Leyletül-kadri hayrun min elfi şehrin* Tenezzelül-melâiketü verrûhu fîhâ bi izni rabbihim. Min külli emrin selâm* Hiye hattâ matla’ıl fecr*

Meâli: Hakîkat, biz onu (Kur’ânı) Kadir gecesinde indirdik. Kadir gecesinin (o büyük fazl u şerefini) sana bildiren nedir? Kadir gecesi bin aydan hayırlıdır. Onda melekler ve Ruh, Rablerinin izniyle, her bir iş için iner de iner. O (gece) tan yeri ağarıncaya kadar bir selâmdır.

GUSÜL

Gusül, cünüplükten, hayız ve nifastan çıkmak için ağzın ve burnun içini bütün vücutla birlikte yıkamaktır.

Gusül, cinsî münâsebet ve ihtilâm sebebiyle, bir de hayız ve nifasın bitmesiyle îcâp eder.

İhtilâm, uyku sırasında meninin tenâsül uzvundan şehvetle dışarı çıkmasıdır.

GUSLÜN FARZLARI

Guslün farzları üçtür:

1- Ağıza su vermek,

2- Burna su vermek,

3- Bütün bedeni yıkamak.

GUSLÜN SÜNNETLERİ

1- Niyet etmek

2- Besmele çekmek,

3- Önce avret mahallini yıkamak,

4- Önce başına, sonra sağ, daha sonra sol omuzuna üçer defa su dökmek ve her defasında vücudu ovmak,

5- Avret mahallini örtülü tutmak.

GUSÜL ABDESTİ NASIL ALINIR

Sünnet üzere gusül abdesti şöyle alınır:

1- Gusle niyet edilir. Eller yıkanır. Temiz olsalar dahi ön ve arka avret yerleri yıkanır.

2- Besmele çekilip tam bir namaz abdesti alınır. Ayaklar altında su toplanıyorsa ayaklar en sonunda yıkanır.

3- Bu abdesti alırken ağız ve burna su bolca çekilir. Çünkü bu yıkama ile gusüldeki farz olan ağız ve burna su vermek de yerine gelmiş olur.

4- Başa üç defa su dökülür. Ve her döküşte ovulur. Bu esnâda, sakal, bıyık ve saç altına suyu ulaştırmak lazımdır.

5- Sağ omuza üç defa su dökülür ve her döküşte vücut ovulur.

6- Sol omuza üç defa su dökülür ve her döküşte vücut ovulur. Vücut, göbek çukuru dahil hiç kuru yer kalmayacak şekilde ovularak yıkanır.

GUSÜL ABDESTİ VE KAPLAMA DİŞ MES'ELESİ

Bazı kimselerin, kaplama veya dolgu dişi olanların gusüllerinin câiz olmadığını ve böylelerinin cünüplükten kurtulamayacaklarını söylediklerine şâhit oluyoruz.

Hanefî mezhebine göre, gusülde ağız ve burun, bedenin dış kısmı kabul edildiğinden yıkanması farzdır. Şâfiî mezhebine göre ise sünnettir.

Gusledecek kimsenin ağzındaki dişler kaplatılmış veya doldurtulmuşsa kaplanan ve doldurulan dişin, kaplamasının ve dolgunun dışının yıkanmasıyla gusül tamam olur. Ancak dişler sâbit değil de çıkarılabilecek şekilde ise, çıkarılması icap eder.

Bu husus; yara ve sargı üzerine meshin câiz olduğu gibidir. Yaranın üzerindeki sargıyı söküp, altını yıkamak mecburiyeti olmadığı gibi, diş için de hüküm aynıdır.

Kezâ abdestte yüzü yıkamak farz olduğu halde, sakalı sık olan kimsenin sadece sakalının üzerini yıkamasının kâfi geldiği ve sakalının diplerini yıkamak mecburiyeti olmadığı gibi, kaplanmış dişi söküp veya söktürüp altını yıkamak icap etmez. Kaldı ki, dişte zarûret de vardır.

DİŞ DOLDURTMA MES'ELESİ

Dişinin birazı çürümüş veya kırılmış olan kimsenin dişini doldurtması veya kaplatması câizdir. Ancak, zarûretsiz, süs olsun diye keyfî şekilde yapmak câiz değildir.

Hanefî mezhebi müctehidlerinden İmam Muhammed Rahimehullah'a göre sallanan dişleri altın tel ile bağlatmak, düşen ve çıkarılan diş yerine altın diş takmak câizdir. İmâm-ı Âzam Ebû Hanîfe'ye göre ise altın ile kaplatmak câiz değil, gümüş ile câizdir. İmam Ebû Yusuf da (bir rivâyette) İmam Muhammed gibi buyurmuştur. Altın ile kaplamada İmam Muhammed'in ictihadiyle amel edilebilir. Âlimler İmameyn'in (İmam Ebû Yusuf ile İmam Muhammed'in) ictihadı üzerine fetvâ vermişlerdir.

Ayrıca Osmanlı ulemasından, Şeyhulislam Uryânîzâde, diş doldurmak için fetvâ vermişlerdir.

İslâm dininde, kolaylık yapacağız diye, şerîatin cevâz vermediği bir hususa, elbette câizdir denilemez. Fakat câiz olan bir mesele için de, câiz değildir denilerek zorluk çıkarılamaz.

TEYEMMÜM

Teyemmüm, abdest almak veya gusletmek için suyun bulunmaması veya kullanılamaması halinde, hangi maksatla teyemmüm edeceğine niyet edip ellerini toprak cinsinden bir şeye iki defa vurarak, birincide yüzünü, ikincide dirseklerine kadar ellerini meshetmektir.

TEYEMMÜMÜN FARZLARI

Teyemmümün farzı ikidir:

1- Niyet,

2- İki darp (vurmak) ve mesh.

TEYEMMÜM NASIL YAPILIR

Bir müslüman gusletmek, yahut abdest almak için su bulamazsa veya bulduğu suyu kullanmasına hastalığının şiddetlenmesi, düşman tehlikesi vesaire gibi ciddi bir mâni mevcutsa, niyet ederek toprak veya toprak cinsinden bir şeyle teyemmüm eder.

Şöyle ki; Niyet edip **Eûzü-Besmele** çekerek bir defa ellerini toprak veya toprak cinsinden bir şeye vurup ileri-geri sürter. Onunla yüzünü mesheder. İkinci defa ellerini aynı şekilde vurup, ileri - geri sürter. Evvelâ sağ, sonra sol kolunu mesheder.

Teyemmüm ederken koldaki saat, bilezik ve parmaktaki yüzüğün çıkartılması veya yerlerinden oynatılması lazımdır.

MESTLER ÜZERİNE MESH

Müslüman erkek ve kadın için, mestler üzerine meshetmek câizdir.

Bunun için şu şartlar gereklidir:

1- Mestler, abdestli iken giyilmiş olmalıdır.

2- Mestler topuklarla birlikte ayakları örtmeli ve en az 12 bin adım yürünebilecek vasıfta olmalıdır.

3- Mestlerin hiç birinde, (ayak parmağının en küçüğü ile) üç parmak miktarı delik ve yırtık bulunmamalıdır.

4- İçine kolayca su almayacak şekilde ve bağlamaksızın ayakta duracak kadar kalın olmalıdır.

5- Mest giyilecek ayağın baş tarafında, en az üç el parmağı genişliğinde bir kısmı bulunmalıdır. (Bir ayağı kesilmiş ve sadece topuğu kalmış bir kimse, diğer ayağına da meshedemez).

MESHİN MİKTARI

Meshin farzı, mestin ön kısmından üç serçe parmağı kadar bir yeri ıslatmaktır. Sünnet üzere yapılan mesh ise, ıslatılan el parmaklarını açarak, ayağın ucundan itibaren mestin koncuna doğru çekmektir.

MESHİ BOZAN ŞEYLER

1- Mestin ayaktan çıkması,

2- Mestler ayakta iken, ayaklardan birinin ekserisinin ıslanması,

3- Mesh müddetinin dolması. (Mest giyen kimse seferî değilse, mestini giydiği andaki abdestinin bozulmasından îtibâren 24 saat, seferî ise 72 saat mesheder.)

Ayrıca, abdesti bozan her şey meshi de bozar. Bu sebeple, mestin müddeti henüz bitmemişse yeniden alınacak abdestte mestlere yeniden mesh yapılır.

SARGI VE YARA ÜZERİNE MESH

Bir uzvun çıkması, kırılması veya yaralanması halinde üzerine sargı yahut alçı sarılsa, o uzvu yıkamak mahzurlu ise sargının çoğu üzerine meshedilir. Eğer mesh de zarar verecek olursa, mesh de yapılmaz.

Sargının mest gibi bir zamanı yoktur. Özür devam ettikçe meshedilmeye devam edilir. Abdestli olarak sarılması şart değildir. Meshedildikten sonra sargı açılsa veya düşse, yahut mevcut sargı üzerine ikinci bir sargı bağlansa, meshi yenilemek icap etmez.

KADINLARA MAHSUS HÂLLER

Kadınlara mahsus üç hâl vardır:

1- Hayız,
2- Nifâs,
3- İstihâza.

1- Hayız: Kadınlık (ergenlik) çağına ulaşmış birinin rahminden, muayyen müddetler içinde gelen kandır. En erken **9** yaşında başlar, en geç **55** yaşında biter. Bu sûrette gelen kana "hayız kanı", bu hâle "hayız hâli" veya "aybaşı hâli" denir.

2- Nifâs: Doğumdan hemen sonra kadının rahminden akan kandır. Lohusalık kanı da denir.

3- İstihâza: Hayız görmekte olan bir kadından üç günden eksik, yahut on günden fazla gelen kana istihâza kanı denir. Lohusa kadından ise, 40 günden fazlasında gelen kan istihâza kanıdır. Bu kan, kadının namazına, orucuna ve diğer ibâdetlerine mâni olmadığı gibi, cinsî yakınlığa da engel teşkil etmez. İstihâza kanı gelen kadın, her vakit başında abdest alır, namazını kılar. Bu, kesilmeyen burun kanı gibidir.

*Hayız; en az üç gün üç gece, en çok on gün on gece devam eder.

*İki âdet arasındaki temizlik hâline "tuhûr", denir. Bunun en az müddeti 15 gün olup, en çok müddeti için ise hudut yoktur.

* Nifâsın en az müddeti için konulmuş bir hudut yoktur. Hattâ bazı yerlerin kadınlarında çocuk doğduktan sonra kan gelmez veya gelse bile hemen kesilir. Onların derhal yıkanarak namaz ve sâir ibâdetlerini yerine getirmeleri lazımdır. Nifâsın en çok müddeti doğumdan başlayarak kırk gündür. İkiz doğuran bir kadının nifâs günleri evvelki çocuğun doğduğu vakitten hesaplanır.

* Kadının mûtâd (kendisince alışılmış) hayız müddeti gerek az, gerek çok olsun, onun hayız müddetinin arasına giren tuhûr yani kan gelmeyen zaman, hayızdan sayılır. Meselâ; en az hayız müddeti olan üç günün birinci ve üçüncü günlerinde kan gelip, arada geçen ikinci gününde kan gelmemiş olsa, bu ikinci gün de hayızlı sayılır.

* Hayızın bittiğinin anlaşılması için akıntının renginin tamamen beyaza dönmesi lazımdır. Kan kırmızı renkte olmakla beraber, toprak rengi, bulanık, yeşil, sarı ve siyah olarak da gelebilir.

* Bazı kadınlarda âdet günleri sâbit değildir. Meselâ; bir ay altı, diğer bir ay beş gün âdet görebilir. Bu durumda kesildiği gün olan beşinci gün yıkanır, namazını kılar, orucunu tutar fakat ihtiyâten kocası ile berâber olamaz. Mûtadı olan günü sayar.

* Bazı kadınların âdet günleri muayyendir. Meselâ, her ay altı veya yedi veya dokuz gün âdet görürler. Bir âdet bir defa ile kararlaşmış sayılır. Şöyle ki; ilk defa âdet görmeye başlayan bir kız 7 gün kan, bundan sonra temizlik görse, âdeti 7 gün olarak kararlaşmış olur.

* Kadınların muayyen âdet günleri bazı kere değişir. Bir âdetin değişmiş olması için ona zıt iki âdet hâli görülmelidir. Her ay altı gün âdet gören bir kadın, üst üste iki ay meselâ sekiz gün âdet görecek olsa artık âdeti altı gün değil, sekiz gün olur.

HAYIZ VE NİFÂS HÂLLERİNDE YAPILMASI HARAM OLAN ŞEYLER

1- Namaz kılmak. Hayız ve nifâs hâlinde olan hanımlar namaz kılamaz. Bu hâlde kılınmayan namazlar sonradan kazâ da edilmez. Tilâvet ve şükür secdesi de yapılmaz. Ancak, arzu edilirse namaz vakitleri girdiğinde seccâdeye oturulup; "Estağfirullâh, Sübhânallâh, Elhamdülillâh" gibi tesbîhlerle meşgul olunur.

2- Oruç tutmak. Hayız ve nifâs hâlinde oruç tutulamaz. Ancak; ramazan orucu sonradan kazâ edilir.

3- Kur'ân-ı Kerîm okumak. Sâdece zikir, senâ yâhut duâ âyetleri bu maksatlarla okunabilir. Fakat, hüküm ve haber bildiren âyetler duâ, senâ ve zikir maksadı ile de olsa okunamaz.

4- Kur'ân'a el sürmek (Bir âyet bile olsa...). Kâğıt, bez ve duvar üzerinde bile olsa, âyete dokunamaz. Ancak, yapışık ve dikişli olmayan bir kılıf ile dokunabilir. Elbisenin yeni ile tutmak da tahrîmen mekruhtur.

5- Mescide girmek.

6- Kâbe'yi tavaf etmek.

7- Kocası ile zevciyyet muâmelesinde bulunmak.

8- Kocası için, onun göbeği ile diz kapakları arasından çıplak olarak faydalanmak. Kocası ile aynı yatakta yatmalarında bir mahzur yoktur. Pişirdiği yemekler ve içtiği suların artıkları da mekruh değildir.

NECÂSETTEN TAHÂRET

Namazın şartlarından ikincisi necâsetten tahârettir. Yani namaz kılacağı yerde, bedeninde veyâ elbisesinde namazın kılınmasına mâni olacak pislik varsa temizlemektir.

Necâset iki kısımdır.

1- Ağır (gâliz) **necâset:** İnsanın ön ve arkadan çıkan pisliği, eti yenmeyen hayvanların sidiği, dışkısı ve salyası, tavuk, kaz ve ördeğin dışkısı, kan, irin, meni, mezi, vedi, ağız dolusu gelen kusuntu, şarap ve diğer haram içkiler.

2- Hafif necâset: Atın sidiği, eti yenen ehil ve yabani hayvanların pisliği, eti yenmeyen kuşların dışkısıdır. Bu necâsetler, isâbet ettiği uzvun veyâ elbisenin dörtte birinden fazla ise namaza mânîdir.

İSTİNCÂ, İSTİNKÂ, İSTİBRÂ

İstincâ, bir kimsenin def-i hâcetten sonra pisliğin çıktığı yeri temizlemesidir.

İstinkâ, istincâda mübâlağa yapmaktır ki, bu da önce münâsip kuru bir şeyle silmek, sonra su ile yıkamak sonra da kurulamakla olur.

İstibrâ, erkeklerin idrar yaptıktan sonra erkeklik uzvundaki akıntıyı tamamen kesip gidermeleridir. Bunun da en güzel şekli sıvazlamadan sonra, öksürmek, bir miktar yürümek, bir yana eğilmek sûretiyle olur.

SETR-İ AVRET

Namazın şartlarından üçüncüsü **setr-i avret**, yâni avret mahallini örtmektir. Avret mahalli, insan vücûdunda başkaları tarafından görülmesi ve gösterilmesi haram olan yerlerdir. Erkeklerin avret mahalli, göbeğinden diz kapağının altına kadardır. Kadınların ise, bileklerine kadar elleri, topuklarına kadar ayakları ve yüzleri hariç bütün vücutları avret mahallidir.

İSTİKBÂL-İ KIBLE

Namazın şartlarından dördüncüsü **istikbâl-i kıbledir**. İstikbâl-i kıble, Mekke'de Kâbe'yi görenler için tam Kâbe'ye doğru dönmektir. Uzakta olmaları sebebiyle Kâbe'yi göremeyenlerin ise Kâbe tarafına dönmeleri kâfîdir.

VAKİT

Namazın şartlarından beşincisi vakit, yani her namazı vakti girince kılmaktır. Vakti girmeden kılınan namaz edâ edilmiş olmaz.

Namaz vakitleri her beldeye göre hazırlanan takvimlerle tesbit edilmiştir.

KERÂHET VAKİTLERİ

Üç vakit vardır ki bu vakitlerde namaz kılınmaz.

1- Güneş doğduktan sonra İmâm-ı Âzam'a göre 48, İmâmeyne göre 32 dakîka içinde,

2- Güneş tam zevâl vaktinde iken, yani öğle namazından evvelki 15-20 dakika içinde,

3- Güneş batarken, yani akşam namazından evvelki 45 dakîka içinde. Bu vakitte ancak o günün ikindi namazının farzı kılınabilir.

Bu üç vakitte; kazâya kalmış farz namazlar, vâcip namazlar, kerâhet vaktinden önce hazırlanmış cenâzenin namazı kılınmaz. Yine önceden okunmuş bir secde âyetinden dolayı tilâvet secdesi de yapılmaz. Aksi takdirde iadeleri lazımdır. Bu üç vakitte nâfile namaz da kılınmaz, fakat kılındığı takdirde iadesi gerekmez. Kerâhet vakitlerinde Kur'ân okuyup, zikir yapmak câizdir.

Sabah namazı vakti girdikten sonra, (sabah namazının sünneti hariç) güneş doğuncaya kadar, ikindi namazı kılındıktan sonra da güneş batıncaya kadar nâfile namaz kılmak mekruhtur.

NİYET

Namazın şartlarından altıncısı **niyet**, yani Allâh rızâsı için namaz kılmayı dilemek ve hangi namazı kılacağını bilmektir.

Niyet kalb ile yapılır. Kalbin niyeti ile beraber dil ile de söylenebilir. Ama sadece dil ile söylendiği halde kalbden niyet edilmezse, namaza niyet edilmiş olmaz. İmâm-ı Rabbânî Hazretlerinin, Mektubât-ı Şerîf, birinci cilt, 186'ncı mektupta buyurduklarına göre: "Sadece dil ile niyet olmaz. Çünkü, çok kimse yalnız dil ile niyet ederek, kalb ile niyeti terk ediyor. Böylece namazın farzlarından biri olan kalb ile niyet yok oluyor. Namaz kabul olmuyor. O halde, niyeti dil ile değil, kalb ile yapmalıdır. Farz namazlarda, bayram ve vitir namazlarında niyeti belirtmek lazımdır." Mesela; "Bugünkü **sabah** namazına veya **cuma** namazına veya **vitir** namazına veya **bayram** namazına" diye niyet edilir.

Nâfile namazlarda sadece "Namaz kılmaya" niyet etmek kâfî gelir.

EZÂN VE KÂMET

Namaz için ezan okumak vâcip kuvvetinde bir sünnet-i müekkededir. Bir namaz vaktinin girdiği ezanla îlân edilir. Bir günde beş vakit namaz vardır ve beş defa ezân okunur.

Ezan şudur:

اَللّٰهُ اَكْبَرُ اَللّٰهُ اَكْبَرُ اَللّٰهُ اَكْبَرُ اَللّٰهُ اَكْبَرُ

اَشْهَدُ اَنْ لَا اِلٰهَ اِلَّا اللّٰهُ . اَشْهَدُ اَنْ لَا اِلٰهَ اِلَّا اللّٰهُ

اَشْهَدُ اَنَّ مُحَمَّدًا رَسُولُ اللّٰهِ . اَشْهَدُ اَنَّ مُحَمَّدًا رَسُولُ اللّٰهِ

حَيَّ عَلَى الصَّلٰوةِ حَيَّ عَلَى الصَّلٰوةِ ، حَيَّ عَلَى الْفَلَاحِ حَيَّ عَلَى الْفَلَاحِ

اَللّٰهُ اَكْبَرُ اَللّٰهُ اَكْبَرُ لَا اِلٰهَ اِلَّا اللّٰهُ

Allâhü ekber Allâhü ekber.
Allâhü ekber Allâhü ekber.
Eşhedü en lâ ilâhe illallâh.
Eşhedü en lâ ilâhe illallâh.
Eşhedü enne Muhammeden Resûlüllâh.
Eşhedü enne Muhammeden Resûlüllâh.
Hayye ale's-salâh, Hayye ale's-salâh.
Hayye ale'l-felâh, Hayye ale'l-felâh.
Allâhü ekber, Allâhü ekber.
Lâ ilâhe illallâh.

Ezanın metni bundan ibarettir. Ancak sabah ezanlarında **"Hayye ale'l-felâh"** dan sonra iki defa **"Essalâtü hayrun minen-nevm"** denilir.

Kâmet de ezan gibidir. Ancak kâmette “**Hayye ale’l-felâh**”dan sonra iki defa “**Kad kâmeti’s-salâh**” denilir.

Evde veya kırda kılınacak namazlar için hem ezan, hem de kâmet okumak efdaldir. Vakit girmeden ezan okunmaz. Ezan, vakitlerin sünneti değil, namazların sünnetidir. Onun için kazâ namazlarına da ezan ve kâmet okumak sünnettir. Câhillerin ve fâsıkların ezan okuması mekruhtur. İyiyi kötüyü, yanlışı doğruyu ayırabilen (mümeyyiz) sabînin ezan okuması câizdir.

Kadınlar ezan ve kâmet okumazlar. Ezan ve kâmette cümlelerin son kelimeleri **cezm** ile okunur.

Ezân okunurken tekbirler ve şehâdetler tekrar edilerek ve hürmetle dinlenir, sonunda şu duâ okunur:

اَللّٰهُمَّ رَبَّ هٰذِهِ الدَّعْوَةِ التَّامَّةِ وَالصَّلَاةِ الْقَائِمَةِ
اٰتِ مُحَمَّدًا الْوَسِيلَةَ وَالْفَضِيلَةَ وَابْعَثْهُ مَقَامًا
مَحْمُودًا الَّذِي وَعَدْتَهُ اِنَّكَ لَا تُخْلِفُ الْمِيعَادَ

Allâhümme Rabbe hâz̲ihi’d-da’veti’t-tâmmeti ve’s-salâtil-**kâi**meti âti Muhammedeni’l-vesîlete vel-fa**zî**lete veb’as̲hü me**kâ**men mahmûdenillez̲î veadtehû, inneke lâ tuh̲lifü’l-mîâd.

Mânâsı:

Allâh’ım! Ey bu dâvetin ve kılınmak üzere bulunan namazın Rabbi. Peygamberimiz Hazreti Muhammed’e (s.a.v.) vesîleyi ve fazîleti ver. Onu kendisine va’d buyurmuş olduğun “**Makâm-ı Mahmûd**”a eriştir. Şüphe yok ki Sen va’dinden dönmezsin.

NAMAZIN RÜKÜNLERİ

Namazın rükünleri altıdır:

1- İftitâh tekbiri,
2- Kıyâm,
3- Kırâat,
4- Rükû
5- Secde,
6- Ka'de-i ahîre

İFTİTÂH TEKBÎRİ

Namazın rükünlerinden birincisi iftitâh tekbîri yani namaza "Allâhü Ekber" diyerek başlamaktır. Tekbir alırken ilk heceyi (Aaallâhü) şeklinde uzatmak câiz değildir. Bunu yapan, namaza girmemiş olur. Namaz içinde yaparsa namazı bozulur.

KIYAM

Namazın rükünlerinden ikincisi **kıyâm** yani ayakta durmaktır. Kıyam, farz ve vâcip namazlarda şarttır. Ayakta durmaya imkânı olanın oturarak kılması câiz değildir. Sabah namazının sünneti dışında, sünnet ve müstehap namazlar, bir özür bulunmasa da oturarak kılınabilir. Fakat, efdal olan ayakta kılmaktır.

KIRÂAT

Namazın rükünlerinden üçüncüsü kırâattır. Bu da namaz kılanın kendisi işitecek derecede Kur'ân-ı Kerîm âyetlerinden bir miktar okumasıdır.

Kırâat, vitir ile nâfilelerin ve iki rek'atli farzların her rek'atinde, dört rek'atli farzların ise iki rek'atinde farzdır. Son iki rek'âtinde okumak ise sünnettir.

Farz olan kırâat miktarı, üç kısa âyet veya bu miktarda uzun bir âyettir.

NAMAZDA OKUNAN BAZI SÛRE VE ÂYETLER

Sûreler, latin harflerinden okunacağı zaman aşağıdaki işâretlere dikkat edilmesi zarûrîdir: â: a harfi ince bir şekilde çekerek okunacak, **â:** a harfi kalın ve çekerek okunacak, **û:** u çekerek okunacak. **î:** i çekerek okunacak, altı çizgili **h** boğazdan hırıltılı olarak çıkarılacak, altı çizgili **s** ve **z** harfleri peltek okunacaktır.

FÂTİHA-İ ŞERÎFE

أَعُوذُ بِاللّٰهِ مِنَ الشَّيْطَانِ الرَّجِيمِ ۞ بِسْمِ اللّٰهِ الرَّحْمٰنِ الرَّحِيمِ

اَلْحَمْدُ لِلّٰهِ رَبِّ الْعَالَمِينَ ۞ اَلرَّحْمٰنِ الرَّحِيمِ ۞ مَالِكِ يَوْمِ الدِّينِ ۞

اِيَّاكَ نَعْبُدُ وَاِيَّاكَ نَسْتَعِينُ ۞ اِهْدِنَا الصِّرَاطَ الْمُسْتَقِيمَ ۞

صِرَاطَ الَّذِينَ اَنْعَمْتَ عَلَيْهِمْ غَيْرِ الْمَغْضُوبِ عَلَيْهِمْ وَلَا الضَّالِّينَ ۞

اٰمِينَ

Eûzü billâhi mine'ş-şey**tâ**nir-racîm.

Bismillâhi'r-rahmâni'r-ra**hî**m.

Elhamdü lillâhi rabbil-âlemîn* Errahmânir-ra**hî**m* Mâliki yevmiddîn* İyyâke na'büdü ve iyyâke nesteîn* İhdine's-sırâtal-müste**kî**m* Sırâ**ta**llezîne en amte aleyhim* Gayril ma**ğdû**bi aleyhim vel**ed-dâ**llîn* âmîn.

Meâli:

"Rahmân ve Rahîm olan Allâh'ın adıyla... Hamd, âlemlerin Rabbi, Rahmân, Rahîm ve din gününün sahibi olan Allâh'a mahsustur. Yalnız sana ibadet eder, yalnız senden yardım dileriz. Bizi doğru yola, kendilerine nimet verdiklerinin yoluna ilet, gadaba uğrayanlarınkine, sapıklarınkine değil."

ÂYETÜ'L-KÜRSÎ

بِسْمِ اللّٰهِ الرَّحْمٰنِ الرَّح۪يمِ

اَللّٰهُ لَٓا اِلٰهَ اِلَّا هُوَۚ اَلْحَيُّ الْقَيُّومُۚ لَا تَأْخُذُهُ سِنَةٌ وَلَا نَوْمٌۜ

لَهُ مَا فِي السَّمٰوَاتِ وَمَا فِي الْاَرْضِۜ مَنْ ذَا الَّذ۪ي يَشْفَعُ عِنْدَهُٓ

اِلَّا بِاِذْنِه۪ۜ يَعْلَمُ مَا بَيْنَ اَيْد۪يهِمْ وَمَا خَلْفَهُمْۚ وَلَا يُح۪يطُونَ

بِشَيْءٍ مِنْ عِلْمِه۪ٓ اِلَّا بِمَا شَٓاءَۚ وَسِعَ كُرْسِيُّهُ السَّمٰوَاتِ

وَالْاَرْضَۚ وَلَا يَؤُ۫دُهُ حِفْظُهُمَاۚ وَهُوَ الْعَلِيُّ الْعَظ۪يمُ ۝

Bismillâhi'r-rahmâni'r-rahîm.

Allâhü lā ilâhe illâ hüvel-hayyül-kayyûm* Lâ te'huzühû sinetün velâ nevm* Lehû mâ fissemâvâti ve mâ fil-er**d*** men zellezî yeşfeu ındehū illâ bi iznihî* ya'lemü mâ beyne eydîhim vemâ halfehüm* velâ yü**hîtû**ne bişey im min ılmihî illâ bi mâ şā e* vesia kürsiyyühüs-semâvâti vel-er**da*** velâ yeûdühû hıfzuhümâ ve hüvel-aliyyül-a**zî**m*

Meâli:

"Allâh odur ki, kendinden başka ilah yoktur. O hay ve kayyûmdur. Kendisini ne uyku yakalar ne de uyuklama... Semâvât ve arzda bulunanların hepsi onundur. Onun izni olmadan katında hiçbir kimse şefaat edemez. O, kullarının yapmakta olduklarını ve önceden yaptıklarını bilir. Onun ilminden ancak dilediğini kavrayabilirler. Onun kürsîsî gökleri ve yeri kucaklayacak kadar vâsi' (geniş)dir. Bunları muhâfaza ona ağır da gelmez. O, çok yüce, çok büyüktür."

İNŞİRÂH SÛRESİ (Elem neşrah leke...)

بِسْمِ اللّٰهِ الرَّحْمٰنِ الرَّح۪يمِ

اَلَمْ نَشْرَحْ لَكَ صَدْرَكَ ۙ ❀ وَوَضَعْنَا عَنْكَ وِزْرَكَ ۙ ❀ اَلَّذ۪ٓي
اَنْقَضَ ظَهْرَكَ ۙ ❀ وَرَفَعْنَا لَكَ ذِكْرَكَ ❀ فَاِنَّ مَعَ الْعُسْرِ يُسْرًا ۙ ❀ اِنَّ
مَعَ الْعُسْرِ يُسْرًا ❀ فَاِذَا فَرَغْتَ فَانْصَبْ ۙ ❀ وَاِلٰى رَبِّكَ فَارْغَبْ ❀

Bismillâhi'r-rahmâni'r-ra**hî**m.

Elem neşrah leke sadrak* ve ve**da**'nâ anke vizrak* elle<u>z</u>î en**kada z**ahrak* ve rafa'nâ leke <u>z</u>ikrak* fe inne meal-usri yüsran inne meal-usri yüsrâ* fe i<u>z</u>â ferağte fensab* ve ilâ rabbike ferğab*

Meâli:

Şerh etmedik mi? (Açıp genişletmedik mi senin saâdetin için) göğsünü* Ve sırtına ağır basan (seni üzüp zayıf düşüren) ağır yükü senden indirmedik mi?* Ve yükseltmedik mi senin zikrini* Demek ki zorlukla beraber bir kolaylık var* Evet o (bir) zorlukla beraber (iki) kolaylık var* O halde boş kaldığın zaman, yine kalk yorul* Ve ancak rabbine rağbet et (hep ona yönel).*

FÎL SÛRESİ

(Elem tera...)

بِسْمِ اللّٰهِ الرَّحْمٰنِ الرَّحِيمِ

اَلَمْ تَرَ كَيْفَ فَعَلَ رَبُّكَ بِاَصْحَابِ الْفِيلِ ❀ اَلَمْ يَجْعَلْ

كَيْدَهُمْ فِي تَضْلِيلٍ ❀ وَاَرْسَلَ عَلَيْهِمْ طَيْرًا اَبَابِيلَ ❀

تَرْمِيهِمْ بِحِجَارَةٍ مِنْ سِجِّيلٍ ❀ فَجَعَلَهُمْ كَعَصْفٍ مَأْكُولٍ ❀

Bismillâhi'r-rahmâni'r-ra**h**îm.

Elem tera keyfe feale rabbüke bi a**s**hâbil-fîl* Elem yec'al keydehüm fî ta**d**lîl* Ve ersele aleyhim **t**ayran ebâbîl* Termîhim bi hıcâratim min siccîl* Fecealehüm ke a**s**fim me'kûl*

Meâli:

"(Habîbim) Rabbinin fil sahiplerine nasıl (muamele) ettiğini görmedin mi? O, bunların planlarını boşa çıkarmadı mı? O, bunların üzerine sürü sürü kuş(lar) gönderdi ki, bunlar onlara pişkin tuğladan (yapılmış) taş(lar) atıyor(lar)dı. Derken (Allâh) onları yenmiş ekin yaprağı gibi yapıverdi."

KUREYŞ SÛRESİ

(Li îlâfi..)

بِسْمِ اللّٰهِ الرَّحْمٰنِ الرَّحِيمِ

لِاِيلَافِ قُرَيْشٍۙ ۞ اِيلَافِهِمْ رِحْلَةَ الشِّتَٓاءِ وَالصَّيْفِۚ ۞ فَلْيَعْبُدُوا رَبَّ هٰذَا الْبَيْتِۙ ۞ اَلَّذ۪ٓي اَطْعَمَهُمْ مِنْ جُوعٍ وَاٰمَنَهُمْ مِنْ خَوْفٍ ۞

Bismillâhi'r-rahmâni'r-ra**hî**m.

Li îlâfi kurayşin* Îlâfihim rıhleteş-şitâi ve**ss**ayf* Fel-ya'büdû rabbe hâzel-beyt* Elleẕî e**t**'amehüm min cûıv ve âmenehüm min h̲avf*

Meâli:

"(Bârî) Kureyşi emn ü selâmete, kış ve yaz kendilerini sey rü seferde esenliğe (ve garantiye) kavuşturduğundan dolayı, şu beytin (Kâbe'nin) Rabbine ibâdet etsinler onlar. (O Rab ki,) onları açlıktan (kurtarıp) doyuran, kendilerini korkudan emîn kılandır."

MÂÛN SÛRESİ

(Eraeytelleẕî...)

بِسْمِ اللّٰهِ الرَّحْمٰنِ الرَّحِيمِ

اَرَاَيْتَ الَّذِى يُكَذِّبُ بِالدِّينِ ❁ فَذٰلِكَ الَّذِى يَدُعُّ الْيَتِيمَ ❁ وَلَا
يَحُضُّ عَلٰى طَعَامِ الْمِسْكِينِ ❁ فَوَيْلٌ لِلْمُصَلِّينَ ❁ اَلَّذِينَ هُمْ عَنْ
صَلَاتِهِمْ سَاهُونَ ❁ اَلَّذِينَ هُمْ يُرَاؤُنَ ❁ وَيَمْنَعُونَ الْمَاعُونَ ❁

Bismillâhi'r-rahmâni'r-ra**hî**m.

Eraeytelleẕî yükeẕẕibü biddîn. Feẕâlikelleẕî yedü''ul-yetîm* Velâ yehu**dd**u alâ **ta'â**mil-miskîn* Feveylül-lil-müsallîn* Elleẕîne hüm an salâtihim sâhûn* Elleẕîne hüm yürâûne ve yemne**û**nel-mâ**û**n*

Meâli:

"Dini yalan sayanı gördün mü? İşte yetimi unf ü şiddetle iten, yoksulu doyurmayı teşvik etmeyen odur. Fakat veyl! Namaz kılanların vay haline ki, onlar namazlarından gâfildirler, onlar riyâkârların tâ kendileridir. Zekâtı da men ederler."

KEVSER SÛRESİ

(İnnâ a'taynâ...)

بِسْمِ اللّٰهِ الرَّحْمٰنِ الرَّح۪يمِ

اِنَّٓا اَعْطَيْنَاكَ الْكَوْثَرَ ۞ فَصَلِّ لِرَبِّكَ وَانْحَرْ ۞ اِنَّ شَانِئَكَ هُوَ الْاَبْتَرُ ۞

Bismillâhi'r-rahmâni'r-ra**hî**m.

İnnâ a'**t**aynâ ke'l-kevs̲er* Fesalli li rabbike venhar* İnne şâ nieke hüvel-ebter*

Meâli:

"(Habîbim) hakîkat, biz sana, Kevseri verdik. O hâlde Rabbin için namaz kıl, kurban kes. Sana buğz eden (yok mu? İşte asıl) zürriyetsiz olan şüphesiz ki odur."

KÂFİRÛN SÛRESİ (Kul yâ...)

بِسْمِ اللّٰهِ الرَّحْمٰنِ الرَّح۪يمِ

قُلْ يَٓا اَيُّهَا الْكَافِرُونَ ۞ لَٓا اَعْبُدُ مَا تَعْبُدُونَ ۞ وَلَٓا

اَنْتُمْ عَابِدُونَ مَٓا اَعْبُدُ ۞ وَلَٓا اَنَا عَابِدٌ مَا عَبَدْتُمْ ۞ وَلَٓا

اَنْتُمْ عَابِدُونَ مَٓا اَعْبُدُ ۞ لَكُمْ د۪ينُكُمْ وَلِيَ د۪ينِ ۞

Bismillâhi'r-rahmâni'r-ra**hî**m.

Kul yâ eyyühel-kâfirûn* Lâ a'büdü mâ ta'büdûn* Velâ entüm âbidûne mâ a'büd* Velâ ene âbidüm mâ abed-tüm* Velâ entüm âbidûne mâ a'büd* Leküm dînüküm veliye dîn*

Meâli:

"(Habîbim şöyle) de: Ey kâfirler, ben, sizin tapmakta olduklarınıza tapmam. Benim (kendisine) ibadet (de devam) edeceğime de siz kulluk ediciler değilsiniz. Ben (zaten) sizin taptıklarınıza (hiçbir zaman) tapmış değilim. Siz de benim kulluk etmekte olduğuma (hiçbir vakit) kulluk ediciler değilsiniz. Sizin dîniniz size, benim dinim bana."

NASR SÛRESİ (İzâ câe...)

بِسْمِ اللّٰهِ الرَّحْمٰنِ الرَّح۪يمِ

اِذَا جَٓاءَ نَصْرُ اللّٰهِ وَالْفَتْحُ ۞ وَرَاَيْتَ النَّاسَ يَدْخُلُونَ ف۪ي د۪ينِ اللّٰهِ
اَفْوَاجًا ۞ فَسَبِّحْ بِحَمْدِ رَبِّكَ وَاسْتَغْفِرْهُ اِنَّهُ كَانَ تَوَّابًا ۞

Bismillâhi'r-rahmâni'r-ra**hî**m.

İzâ câe n**as**rullâhi vel-fethu* Ve raeytennâse yedhulûne fî dînillâhi efvâcâ* Fesebbi**h** bihamdi rabbike vestağfirhü innehû kâne tevvâbâ*

Meâli:

"Allâh'ın nusreti ve fetih gelince, insanların cemâat cemâat Allâh'ın dînine girdiklerini görürsün. Artık Rabbini hamd ile tesbih (ve tenzîh) et. Ondan mağfiret iste. Şüphesiz ki o, tevbeleri çok kabul edendir."

TEBBET SÛRESİ (Tebbet yedâ...)

بِسْمِ اللّٰهِ الرَّحْمٰنِ الرَّح۪يمِ

تَبَّتْ يَدَٓا اَب۪ي لَهَبٍ وَتَبَّۜ ❀ مَٓا اَغْنٰى عَنْهُ مَالُهُ وَمَا كَسَبَۜ ❀

سَيَصْلٰى نَاراً ذَاتَ لَهَبٍۚ ❀ وَامْرَاَتُهُۜ حَمَّالَةَ الْحَطَبِۚ ❀

ف۪ي ج۪يدِهَا حَبْلٌ مِنْ مَسَدٍ ❀

Bismillâhi'r-rahmâni'r-ra**hî**m.

Tebbet yedâ̄ ebî lehebivve tebbe* Mâ̄ ağnâ anhü mâlühû ve mâ keseb* Se yaslâ nâran zâte leheb* Vemraetühû hammâletel-hatab* fî cîdihâ hablüm mim mesed*

Meâli:

"Ebû Leheb'in iki eli kurusun. Kendisi de kurudu (helâk oldu ya). Ona ne malı, ne kazandığı fayda verdi. Alevli bir ateşe girecek o. (Hem) karısı da odun hammalı olarak. (Karısının) boynunda bükülmüş bir ip olduğu halde."

İHLÂS SÛRESİ (Kul hüvallâh...)

بِسْمِ اللّٰهِ الرَّحْمٰنِ الرَّح۪يمِ

قُلْ هُوَ اللّٰهُ اَحَدٌۚ ❀ اَللّٰهُ الصَّمَدُۚ ❀ لَمْ يَلِدْ وَلَمْ يُولَدْۙ ❀ وَلَمْ يَكُنْ لَهُ كُفُواً اَحَدٌ ❀

Bismillâhi'r-rahmâni'r-ra**hî**m.

Kul hüvallâhü ehad * Allâhüs-samed * Lem yelid ve lem yûled * Velem yeküllehû küfüven ehad *

Meâli: De ki: O Allâh, birdir. Allâh Samed'dir. O doğurmamış ve doğurulmamıştır. Hiç bir şey ona eş veya denk değildir.

FELAK SÛRESİ (Kul eûzü birabbil-felak...)

بِسْمِ اللّٰهِ الرَّحْمٰنِ الرَّح۪يمِ

قُلْ اَعُوذُ بِرَبِّ الْفَلَقِۙ ۞ مِنْ شَرِّ مَا خَلَقَۙ ۞ وَمِنْ شَرِّ غَاسِقٍ اِذَا وَقَبَۙ

۞ وَمِنْ شَرِّ النَّفَّاثَاتِ فِي الْعُقَدِۙ ۞ وَمِنْ شَرِّ حَاسِدٍ اِذَا حَسَدَ ۞

Bismillâhi'r-rahmâni'r-ra**hî**m.

Kul eûzü birabbil-felak * Min şerri mâ halak * Ve min şerri ğâsikın izâ vekab * Ve min şerrin-neffâsâti fil-'ukad * Ve min şerri hâsidin izâ hased.

Meali:

De ki: Sabahın Rabbine sığınırım, yarattığı şeylerin şerrinden, karanlığı çöküp bastığı zaman gecenin şerrinden, düğümlere üfürenlerin şerrinden. Ve haset edenin, haset ettiği zaman şerrinden.

NÂS SÛRESİ (Kul Eûzü birabbinnâs...)

بِسْمِ اللّٰهِ الرَّحْمٰنِ الرَّح۪يمِ

قُلْ اَعُوذُ بِرَبِّ النَّاسِۙ ۞ مَلِكِ النَّاسِۙ ۞ اِلٰهِ النَّاسِۙ

۞ مِنْ شَرِّ الْوَسْوَاسِ الْخَنَّاسِۙ ۞ اَلَّذ۪ي يُوَسْوِسُ ف۪ي صُدُورِ

النَّاسِۙ ۞ مِنَ الْجِنَّةِ وَالنَّاسِ ۞

Bismillâhi'r-rahmâni'r-rahîm.

Kul eûzü birabbinnâs * Melikinnâs * İlâhinnâs * Min şerril-vesvâsil-hannâs * Ellezî yüvesvisü fî sudûrinnâs* Minel-cinneti vennâs.

Meâli:

De ki: Sığınırım insanların Rabbine, insanların (yegâne) mâlikine, insanların ma'bûduna, o sinsi şeytanın şerrinden ki o, insanların göğüslerine dâimâ vesvese verendir. (O şeytan) gerek cinden, gerek insandan (olsun).

NAMAZDA OKUNAN BAZI DUÂLAR

TEKBİR VE SÜBHÂNEKE

اَللّٰهُ اَكْبَرُ

سُبْحَانَكَ اللّٰهُمَّ وَبِحَمْدِكَ وَتَبَارَكَ اسْمُكَ وَتَعَالٰى جَدُّكَ (وَجَلَّ ثَنَاؤُكَ) وَلَآ اِلٰهَ غَيْرُكَ .

Allâhü Ekber.

Sübhânekellâhümme Ve bihamdik * Ve tebârake'smük Ve teâlâ ceddük * (Ve celle senâük**) Velâ ilâhe gayrük.

** "Ve celle senâük" ilâvesi cenâze namazında yapılır.

Mânâsı:

Allâh En Büyüktür.

"Allâh'ım, seni tenzîh ve hamdinle tesbih ederim. Senin adın mübârektir. Senin azametin çok yücedir. (Senin şânın yücedir) ve senden gayrı hiçbir ilâh yoktur."

TEHIYYÂT

اَلتَّحِيَّاتُ لِلّٰهِ وَالصَّلَوَاتُ وَالطَّيِّبَاتُ اَلسَّلَامُ عَلَيْكَ
اَيُّهَا النَّبِيُّ وَرَحْمَةُ اللّٰهِ وَبَرَكَاتُهُ اَلسَّلَامُ عَلَيْنَا
وَعَلٰى عِبَادِ اللّٰهِ الصَّالِحِينَ اَشْهَدُ اَنْ لَا اِلٰهَ اِلَّا اللّٰهُ
وَاَشْهَدُ اَنَّ مُحَمَّدًا عَبْدُهُ وَرَسُولُهُ.

Ettehıyyâtü lillâhi ve**ss**alevâtü vet**ta**yyibâtü esselâmü aleyke eyyühennebiyyü ve rahmetüllâhi ve berakâtühû esselâmü aleynâ ve alâ 'ıbâdillâhis-**sâ**lihîn* Eşhedü en lâ ilâhe illallâh ve eşhedü enne Muhammeden abdühû ve rasûlühû

Mânâsı:

"Her türlü kavlî, bedenî ve mâlî ibâdetler Allâh'a mahsustur. Ey şânı yüce Peygamber, selâm ve Allâh'ın rahmetiyle bereketleri senin üzerine olsun ve selâm bizlere ve Allâh'ın sâlih kullarına olsun. Ben şehâdet ederim (yakînen bilirim) ki, Allâh'tan başka hiçbir ilâh yoktur. Ve şehâdet ederim ki Hazret-i Muhammed Allâh'ın kulu ve Resûlüdür."

SALEVÂT-I ŞERÎFELER

اَللّٰهُمَّ صَلِّ عَلٰى مُحَمَّدٍ وَعَلٰٓى اٰلِ مُحَمَّدٍ كَمَا صَلَّيْتَ عَلٰٓى
اِبْرَاهِيمَ وَعَلٰٓى اٰلِ اِبْرَاهِيمَ اِنَّكَ حَمِيدٌ مَجِيدٌ .

Allâhümme salli alâ Muhammedin ve alâ âli Muhammedin kemâ salleyte alâ İbrâhîme ve alâ âli İbrâhîme inneke hamîdüm-mecîd*

Mânâsı: "Allâh'ım, (Peygamber Efendimiz) Hz. Muhammed'e ve âline, Hz. İbrâhim'e ve âline rahmet ettiğin gibi rahmet eyle."

اَللّٰهُمَّ بَارِكْ عَلٰى مُحَمَّدٍ وَعَلٰٓى اٰلِ مُحَمَّدٍ كَمَا بَارَكْتَ عَلٰٓى اِبْرَاهِيمَ
وَعَلٰٓى اٰلِ اِبْرَاهِيمَ اِنَّكَ حَمِيدٌ مَجِيدٌ .

Allâhümme bârik alâ Muhammedin ve alâ âli Muhammedin kemâ bârekte alâ İbrâhîme ve alâ âli İbrâhîme inneke hamîdüm-mecîd*

Mânâsı: "Allâh'ım, (Peygamber Efendimiz) Hz. Muhammed ve âlini, Hz. İbrâhim ve âlini mübârek kıldığın gibi mübârek kıl.

SALEVÂT-I ŞERÎFEDEN SONRA OKUNACAK DUÂ

رَبَّنَٓا اٰتِنَا فِي الدُّنْيَا حَسَنَةً وَفِي الْاٰخِرَةِ حَسَنَةً وَقِنَا عَذَابَ النَّارِ

Rabbenâ âtinâ fiddünyâ haseneten ve fil âhırati haseneten ve kınâ azâbennâr.

Mânâsı: "Ey Rabbimiz, bize dünyada ve âhirette iyi hâl ver ve bizi o ateş azâbından koru."

رَبَّنَا اغْفِرْ لِي وَلِوَالِدَيَّ وَلِلْمُؤْمِنِينَ يَوْمَ يَقُومُ الْحِسَابُ ۝

Rabbenağfirlî ve livâlideyye ve lil-mü'minîne yevme ye**kû**mül-hısâb*

Mânâsı:

Ey rabbimiz, hesab günü geldiği zaman bizi mağfiret et. Anne ve babamı ve müminleri de mağfiret et.

"Rabbenâ âtinâ" duâsından sonra, selâmdan önce okunacak duâ:

اَللّٰهُمَّ اِنّ۪ي اَعُوذُ بِكَ مِنْ عَذَابِ جَهَنَّمَ وَاَعُوذُ بِكَ مِنْ عَذَابِ
الْقَبْرِ وَاَعُوذُ بِكَ مِنْ فِتْنَةِ الْمَسِيحِ الدَّجَّالِ وَاَعُوذُ بِكَ مِنْ
فِتْنَةِ الْمَحْيَا وَالْمَمَاتِ .

Allâhümme innî eûzü bike min azâbi cehenneme ve eûzü bike min azâbi'l-kabri ve eûzü bike min fitneti'l-mesîhı'd-deccâl ve eûzü bike min fitneti'l-mahyâ ve'l-memât.

Mânâsı:

"Allâh'ım, Cehennem azâbından, kabir azâbından, deccâlin fitnesinden, hayât ve ölüm fitnesinden sana sığınırım."

Abdullahi'bni Abbâs (r.a.), Peygamber Efendimizin bu duâyı Kur'ân-ı Kerîm'den bir sûreyi öğrettiği gibi tâlîme çalıştığını rivâyet buyurmuşlardır.

KUNUT DUÂLARI

اَللّٰهُمَّ اِنَّا نَسْتَعِينُكَ وَنَسْتَغْفِرُكَ وَنَسْتَهْدِيكَ وَنُؤْمِنُ
بِكَ وَنَتُوبُ اِلَيْكَ وَنَتَوَكَّلُ عَلَيْكَ وَنُثْنِى عَلَيْكَ الْخَيْرَ كُلَّهُ
نَشْكُرُكَ وَلَا نَكْفُرُكَ وَنَخْلَعُ وَنَتْرُكُ مَنْ يَفْجُرُكَ

Allâhümme innâ nesteînüke* Ve nestağfiruke ve nestehdîk* Ve nü'minübike ve netûbü ileyk* Ve netevekkelü aleyk* Ve nüsnî aleykelhayra küllehû neşküruke velâ nekfürük *Ve nahleu ve netrukü men yefcürük*

Mânâsı: "Allâh'ım, senden yardım, hidâyet ve mağfiret dileriz. Sana iman eder, sana tevbe eder, sana güvenip dayanırız. Her hayırla zâtını senâ eder (nîmetlerine) şükrederiz. Asla seni (inkâr ile) küfretmeyiz. Sana isyan edenleri hal'ederiz ve terk ederiz."

اَللّٰهُمَّ اِيَّاكَ نَعْبُدُ وَلَكَ نُصَلِّى وَنَسْجُدُ وَاِلَيْكَ نَسْعٰى وَنَحْفِدُ
نَرْجُو رَحْمَتَكَ وَنَخْشٰى عَذَابَكَ اِنَّ عَذَابَكَ بِالْكُفَّارِ مُلْحِقٌ .

Allâhümme iyyâke na'büdü ve leke nüsallî ve nescüdü ve ileyke nes'â ve nahfidü nercû rahmeteke ve nahşâ azâbeke inne azâbeke bilküffâri mülhık*

Mânâsı: "Allâh'ım, ancak sana ibadet eder, sadece senin için namaz kılar ve secde ederiz. Ancak sana (kulluk) için çalışır ve koşarız. Rahmetini umar, azâbından da korkarız. Zîrâ senin azâbın kâfirlere ulaşıcıdır."

RÜKÛ

Namazın rükünlerinden dördüncüsü rükûdur.

Rükû, kıyamda kırâatı bitirdikten sonra, baş ile sırt düz olacak şekilde eğilmektir. Bu esnada kadınlar, parmaklarını diz kapakları üzerine kor. Erkekler ise, parmaklarıyla kavrayarak diz kapakları üzerine kor. Rükû'da gözler ayak parmaklarına bakar.

Oturarak namaz kılan, rükû için başını dizleri hizasına kadar eğer.

SECDE

Namazın rükünlerinden beşincisi secdedir.

Secde, rükû'dan doğrulduktan sonra alnını, burnunu, iki ayağının parmak uçlarını, iki eli ile iki dizini yani toplam yedi âzâsını yere koymaktır. Secdede gözler burnun iki yanına bakar. Eller yüzün hemen iki yanında, parmaklar kapalı ve kıbleye doğru tutulur.

KA'DE-İ AHÎRE

Namazın rükünlerinden altıncısı **ka'de-i ahîre**dir ki, son oturuş demektir.

Ka'de-i ahîre, namazın sonundaki oturuşta "Et-tehıyyâtü"yü okuyacak kadar oturmaktır.

Ka'dede erkekler, sağ ayaklarını parmakları kıbleye gelecek şekilde çevirir ve sol ayağını yatırarak iki ayağı üzerine oturur. Kadınlar ise iki ayaklarını sağa çıkararak uylukları üzerine oturur. Kadınların bu oturma şekline **teverrük** denir. Ka'dede eller dizlerin üzerine kıbleye doğru serbest olarak konur.

NAMAZIN VÂCİPLERİ

1- Namaza "Allâhü ekber" lafzı ile başlamak,

2- Farz namazların ilk iki rek'atinde, nafilelerin her rek'atinde Fâtiha okumak,

3- Fâtiha'dan sonra bir sûre veya kısa bir sûreye muâdil olacak kadar âyet okumak,

4- Kırâatı evvelki iki rek'ata tahsis etmek,

5- İki secdeyi birbiri ardınca yapmak,

6- Tâdil-i erkâna riâyet etmek. Yani rükû ve secdeden doğrulunca ve diğer rükünler arasında mafsallar mutmain (her âzâ kendi mahallinde müstekar) oluncaya kadar beklemek,

7- Ka'delerde et-Tehıyyâtü okumak,

8- Namazın sonunda selâm vermek,

9- Öğle ve ikindi namazlarının farzlarında Fâtiha ve sûreleri gizli (sessiz) okumak,

10- Sabah, akşam ve yatsı farzlarıyla cuma ve bayram namazlarında imam olan kimse, Fâtiha ve sûreleri cehrî (sesli) okumak,

11- Üç veya dört rek'atli namazlarda ikinci rek'atten sonra oturmak,

12- Fâtiha'yı, zamm-ı sûre veya âyetten evvel okumak,

13- Namazda sehven terk edilen vâciplerden dolayı sehiv secdesi etmek,

14- Vitir namazında kunut okumak,

15- Secdede alın ile birlikte burnunu da yere koymak.

NAMAZIN SÜNNETLERİ

1- Ezan okumak,

2- Namaza başlarken, ilk tekbirde erkeklerin ellerini kulakları hizasına, kadınların da omuzları hizasına kadar kaldırması,

3- Tekbirden hemen sonra el bağlamak. (Kadınlar; göğsü üzerinde sağ eli sol eli üzerine koyar. Erkekler ise, sağ ellerinin baş ve serçe parmakları ile sol bileğine halka yaparak göbek altına bağlar.)

4- Sübhâneke okumak,

5- Eûzü ve besmele okumak,

6- Her rek'atta Fâtiha'dan önce besmele okumak,

7- Fâtiha'dan sonra "Âmîn" demek,

8- Rükû'a ve secdeye iner ve kalkarken tekbir almak,

9- Rükû'da üç kere "Sübhâne rabbiye'l-azîm" demek,

10- Erkekler, rükû'da ellerinin parmaklarını açık olarak dizleri üstüne koyup başları ile sırtlarını bir hizada tutmak. (Kadınlar başları ile sırtlarını düz yapmazlar) Kadınlar, parmaklarını birbirinden ayırmaksızın ellerini dizlerinin üzerine koymak,

11- İmam, rükû'dan kalkarken "Semi'allâhü limen hamideh" demek,

12- Cemâat, rükû'dan kalkarken "Rabbenâ leke'l-hamd" demek,

13- Yalnız kılanın her ikisini de söylemesi,

14- Secdede üç kere "**Sübhâne rabbiye'l-âla**" demek,

15- Secdede elin parmaklarını kapalı tutmak,

16- Erkek, secdede karnını oyluklarından uzak tutup kollarını yerden kaldırmak,

17- Kadın ise, secdede karnını oyluklarına yapıştırıp kollarını yanına temas ettirmek.

18- Tahiyyâtta ve ka'dede ellerini oyluklarının üzerine koyup, parmaklarını kendi haline bırakmak.

19- Tahiyyâtta erkek sol ayağı üzerine oturup sağ ayağını dikmek,

20- Kadın ise iki ayağını sağ yana yatırarak sol oyluğu üzerine oturmak,

21- Selâma sağdan başlamak,

22- Son ka'dede Peygamber Efendimiz (s.a.v.)'e salavât okumak.

NAMAZIN ÂDÂBI

1- Müezzin kâmet getirirken: "Hayye ale'l-felâh" dediğinde beklemeden ayağa kalkmak.

2- İftitâh tekbirinde baş parmaklarını kulak yumuşağına temas ettirmek,

3- Kıyâmda secde yerine bakmak,

4- Rükû'da ayağının uçlarına bakmak,

5- Rükû ve secde tesbihlerini beş veya yedi defa okumak,

6- Alnından evvel burnunu yere koymak,

7- Secdede burnunun iki tarafına bakmak,

8- Selâmda omuzlarına bakmak,

9- Esneme geldiği zaman ağzını tutamazsa, sağ elin dışı ve içi, sol elin dışı ile kapamak,

10- İmkân nisbetinde iyi ve temiz elbise ile namaz kılmak,

11- Sağına selâm verirken, sağındaki cemâat ve melâikeye selâm vermeye niyet etmek,

12- Soluna selâm verirken solundaki cemâat ve melâikeye selâm vermeye niyet etmek,

13- Yalnız ise selâmda kirâmen kâtibîn ve hafaza meleklerine selâm vermeye niyet etmek,

14- Mümkün olduğu kadar öksürmeyi defetmek.

NAMAZIN MEKRUHLARI

1- Namazın içinde sağa sola bakmak,

2- Elbise veya vücut ile oynamak, (Vücûda yapışan elbiseyi küçük bir hareketle silkelemekte bir beis yoktur.)

3- Özürsüz, parmağını çıtlatmak,

4- Secde yerindeki taşları temizlemek,

5- Elini böğrüne koymak,

6- Bir yerini bir veya iki defa kaşımak, (Namazda burun akıntısını silmek yere akıtmaktan evlâdır.)

7- Özürsüz bağdaş kurmak,

8- İnsan yüzüne karşı kılmak,

9- Kor halindeki ateşe karşı namaza durmak,

10- Bir kimsenin önünde, başı üzerinde, sağında, solunda arkasında veya elbisesinde, bakan kimsenin kolayca görebileceği kadar belirgin resim varken namaz kılmak,

11- Gerinmek,

12- Esnemek,

13- Tahiyyâtta ayak parmaklarını dikip, ökçelerin üzerine oturmak,

14- Kaynaklarını yere koyup dizlerini göğse çekerek veya elleri yere koyarak oturmak,

15- Yenisi ve güzeli varken eski ve kötü elbise ile kılmak. (Müstehap olan her zaman âdet olanı giymektir. Gecelikler, giyilmesi âdet olan elbiselerden olduğu için onunla namaz kılmakta kerâhet yoktur. N. İslâm.)

16- Başı açık kılmak, (Alçak gönüllülük maksadıyla olursa mekruh olmaz.)

17- Secdede veya secde dışında elinin veya ayağının parmaklarını kıbleden çevirmek,

18- Cemâatle namaza duracağında önünde yer varken safa girmeyip arkada durmak,

19- Kabre karşı namaz kılmak,

20- Necâsete karşı perdesiz namaz kılmak,

21- Kadınla, perdesiz bir hizâda durup ayrı ayrı namaz kılmak,

22- Tuvalete gitme ihtiyacı varken sıkışık olarak namaz kılmak,

23- Secdeden kalkarken dizlerini ellerinden evvel kaldırmak,

24- Secdede bir ayağını kaldırmak,

25- İmamdan evvel rükû'a gitmek,

26- İmamdan evvel rükû'dan kalkmak,

27- İmamdan evvel secdeye gitmek,

28- İmamdan evvel secdeden kalkmak,

29- Secdeye giderken özürsüz olarak ellerini dizlerinden evvel yere koymak,

30- Özürsüz, yere veya duvara dayanarak kalkmak,

31- Namazda alnından toprak silmek,

32- Bir rek'atte okuduğu zammı sûre ile, bir sonraki rek'atte okuduğu zammı sûre arasında sadece bir sûre bırakmak,

33- Bir sonraki rek'atta, evvelki rek'atte okuduğunun yukarısından (öncesinden) sûre veya âyet okumak,

34- Farz namazlarda bir sûreyi bir rek'atta iki defa okumak veya bir sûreyi her iki rek'atte okumak.

35- Farzın ikinci rek'atinde, birinci rek'atte okuduğundan üç âyet fazla okumak,

36- İmama uyanın imamla birlikte Kur'ân okuması,

37- Özürsüz, alnındaki sarığın üzerine secde etmek,

38- Kıyamda iken özürsüz olarak duvara dayanmak,

39- Kıyamda sağa veya sola eğik vaziyette durmak,

40- Özürsüz, tek ayak üstünde durmak,

41- Namaz içinde âyet ve tesbihleri parmakla saymak,

42- Cemâatle namaz kılınırken yalnız namaz kılmak,

43- İmamın mihraptan başka yere durması,

44- İmamın bir zirâ (50 cm.) alçak yerde durup, cemâatin imamdan yüksekte durması,

45- İmamın bir zirâ (50 cm.)den yüksek yere durması, (Eğer imamın yanında bir kişi bulunursa mekruh olmaz.)

46- "Besmele" ve "âmîn"i açıktan okumak,

47- Kırâatı rükû'a inerken tamamlamak,

48- Tekbirleri yerlerinde almamak, her zikir ve kırâati (okumayı) yerinde yapmamak,

49- Rükû ve secde tesbihlerini başını kaldırdıktan sonra söylemek,

50- Omuzu açık ve kolları sıvalı olarak namaz kılmak,

51- Önünde bir canlının geçmesi ihtimâli olan yerde önüne sütre (herhangi bir cisim) **dikmeyi terk etmek,**

52- Bir şeyi koklamak,

53- İşitilmeyecek derecede üflemek, (İşitilecek derecede üflenirse namaz bozulur.)

54- Başa mendil ve benzeri bir şeyi sarıp tepesini açık bırakmak,

55–Ağzını ve burnunu örterek namaz kılmak,

56- İkinci defa toplanan cemâate imam olacak şahsın mihrâba durması. **Bunlar namazın mekruhlarıdır.**

NAMAZI BOZAN ŞEYLER

1- Konuşmak ve kendi işiteceği kadar gülmek. (Eğer yanındaki işitecek kadar gülerse hem namazı ve hem de abdesti bozulur.)

2- "Ah!" diye inlemek,

3- Ağlamak, (Eğer ağlamak Allâh korkusundan olursa namaza zarar vermez.)

4- İsteği ile ve özürsüz öksürüp boğazını ayıklamak,

5- Sakız çiğnemek,

6- Bir rükünde üç kere kıl koparmak,

7- Bir rükünde, herhangi bir yerini elini kaldırmak sûretiyle üç kere kaşımak,

8- Bir rek'atta iki saf miktarı yürümek,

9- Saç veya sakalını taramak,

10- Aralarında bir adam sığacak kadar açık yer bulunmaksızın bir kadınla beraber durarak, aynı imamla, aynı namazı bir hizâda kılmak,

11- Özürsüz, yüzünü ve göğsünü kıbleden çevirmek,

12- Namaz içinde imamından başkasının yanlışını söylemek,

13- Kur'ân'ı mânâ bozulacak kadar yanlış okumak,

14- Kasten selâm verip selâm almak, (Namazın sonu zannederek selâm verse namaz bozulmaz. Secde-i sehiv lazım gelir.)

15- Avret mahallinin dörtte birinin üç tesbih okuyacak kadar açık bulunması, (Avret mahallini isteği ile açarsa o anda namazı bozulur.)

16- Secdede iken iki ayağını birden yerden kaldırmak.

NAMAZ NASIL KILINIR?

Namaz kılacak kimse, önce üzerinde ve namaz kılacağı yerde, namazın sahih olmasına engel olacak pislik cinsinden bir şeyin bulunmamasına dikkat eder. Abdest alır, kıbleye döner. Kendini dünya düşüncelerinden mümkün mertebe çeker. Allâh'ın mânevî huzûrunda olduğunu hatırından çıkarmaz. Kılacağı namaza kalbi ile niyet eder.

Meselâ, kılacağı sabah namazının sünneti ise: "Niyet ettim Allâh rızâsı için bugünkü sabah namazının sünnetini kılmaya" diye kalben niyet eder. Şâyet farzını kılacaksa: "Niyet ettim Allâh rızâsı için bu günün sabah namazının farzını kılmaya" diye kalben niyet eder. Eğer nâfile namaz kılacaksa, "Niyet ettim Allâh rızâsı için namaz kılmaya" diye kalben niyet eder. Sonra iki elini, parmaklarını açık tutarak ve kıble tarafına döndürerek baş parmakları kulaklarının yumuşağına değecek kadar kaldırıp iftitah tekbirini alır. Yâni "Allâhü Ekber" der. (Resim 13) Kadınlar tekbir alırken ellerini, parmak uçları omuzları hizâsına gelecek şekilde kaldırırlar. (Resim 14)

Sonra erkekler sağ elinin içini sol elinin üzerine, (serçe parmak ile baş parmak sol elin bileğinde halka yapacak şekilde) koyarak ellerini göbek altına bağlar. (Resim 15) Kadınlar, sağ el sol elin üzerinde göğüslerinin üzerine koyarlar. Gözler secde yerine bakar. (Resim 16)

Eller bağlandıktan sonra "Sübhâneke" den sonra Eûzü ve Besmele çekilir ve Fâtiha-i Şerîfe okunur. Sonunda "**Âmîn**" denir. Sonra bir sûre veya kısa bir sûre uzunluğunda en az bir âyet okunur. Eller yanlara salınıp "**Allâhü Ekber**" diyerek rükû'a gidilir.

Rükû'da erkekler parmakları açık olarak elleri ile dizlerini kavrar, baş ve arkayı aynı hizâda tutarlar. (Resim 17). Kadınlar erkekler kadar eğilmezler. (Resim 18) Rükû'da en az üç defa "**Sübhâne rabbiye'l-azîm**" denir. Rükû'da ayak parmaklarına bakılır. Fakat baş eğilmez, düz tutulur. Rükûdan sonra "**Semi'allâhü limen hamideh**" ve "**Rabbenâ lekel-hamd**"diyerek doğrulunur. Tam doğrulduktan sonra "**Allâhü Ekber**" diyerek secdeye gidilir. Secdeye inerken evvela dizler, sonra eller, daha sonra baş yere konulur. (Secdede alın ve burnun yerin sertliğini hissetmesi şarttır.) El ve ayak parmakları kıbleye doğru çevrilir.

Secdede erkekler dirseklerini yanlara açıp karınlarını oyluklarından uzaklaştırırlar ve ayak parmaklarının uçları kıbleye doğru olur. (Resim 19) Kadınlar ise bunun aksine dirseklerini yanlarına, karınlarını da uylukları üzerine getirirler ve ayak parmaklarını erkekler gibi kıbleye getirmezler. Ayaklarını yatırarak (resimde görüldüğü gibi) üstünü yere getirirler. (Resim 20) Secdede üç defa "**Sübhâne rabbiye'l-âlâ**" denilir. Sonra "**Allâhü Ekber**" diyerek secdeden kalkılır, dizler üzerinde oturuş vaziyetine gelinir. Bir kere "**Sübhânallâh**" diyecek kadar bekledikten sonra "**Allâhü Ekber**" deyip ikinci secdeye varılır. Bu secdede yine üç kere "**Sübhâne rabbiye'l-âlâ**" denilir. "**Allâhü Ekber**" deyip ikinci rek'ata kalkılır. Eller evvelki gibi bağlanır. Yalnız Besmele-i Şerîfe ile Fâtiha-i Şerîfe ve bir sûre veya bir uzun âyet okunur. Sonra aynen birinci rek'atte yapıldığı gibi rükû' ve secde yapılır. İkinci rek'atin ikinci secdesinden sonra sol ayağı yere döşeyip sağ ayağı dikerek ve parmakları kıbleye getirmek sûretiyle oturulur (Resim 21). Kadınlar iki ayağını sağ taraftan çıkartarak uylukları üzerine otururlar (Resim 22). "**Ettehıyyâtü, Allâhümme salli ve Allâhümme bârik...**" okunur. Sonra "**Rabbenâ âtinâ**" gibi duâlar okunur.

Yüz sağ omuz tarafına döndürülerek "**Es-selâmü aleyküm ve rahmetüllâh**" denir (Resim 23, Resim 24). Bundan sonra da yüz sol tarafa döndürülerek yine "**Es-selâmü aleyküm ve rahmetüllâh**" denilir. Böylece namazdan çıkılmış olur. (Resim 25, Resim 26)

Sabah namazının farzı da aynen (sünneti gibi) böyle kılınır. Erkekler farzdan önce kâmet okurlar.

Kılınan herhangi bir namazdan, selâm verip çıktıktan sonra "**Allâhümme ente's-selâmü ve minke's-selâm. Tebârakte yâ ze'l-celâli ve'l-ikrâm**" okunur ve "**Alâ resülinâ salevât**" denilir. Sonra da şu tesbih okunur:

سُبْحَانَ اللّٰهِ وَالْحَمْدُ لِلّٰهِ وَلَٓا اِلٰهَ اِلَّا اللّٰهُ وَاللّٰهُ اَكْبَرُ

وَلَا حَوْلَ وَلَا قُوَّةَ اِلَّا بِاللّٰهِ الْعَلِيِّ الْعَظِيمِ ۞

Sübhânellâhi ve'l-hamdülillâhi ve lâ ilâhe illallâhü vellâhü ekber velâ havle velâ kuvvete illâ billâhi'l-alliyyi'l-azîm.

Mânâsı:

Allâh'ı tesbih ve tenzih ederim. Hamd ona mahsustur. Allâh'tan başka ilâh (Hak ma'bûd) yoktur. (İsyandan) dönmek ve (itâate yönelmekde) güçlü bulunmak ancak pek yüce ve büyük (olan) Allâh'ın yardımıyla olur.

Bundan sonra 1 Âyetü'l-Kürsî* (Allâhü lâilâhe illâ hû...) okunarak 33 kere "**Sübhânallâh**", 33 kere "**Elhamdülillâh**", 33 kere de "**Allâhü Ekber**" denilir. Arkasından şu tekbir, tehlîl ve tahmîd okunur:

Allâhü Ekber. Lâ ilâhe İllallâhü vahdehû lâ şerîke leh. Lehül-mülkü velehül-hamdü yuhyî ve yümît. Vehüve hayyün lâ yemûtü biyedihil-hayru ve hüve alâ külli şey'in kadîr.

Mânâsı:

Hz. Allâh (her şeyden) büyüktür; ondan başka ilâh (Hak ma'bûd) yoktur, o birdir. Onun ortağı yoktur, Mülk onundur, hamd ona mahsusdur. Diriltir ve öldürür, O diridir, ölmez. Hayır onun elindedir. Ve o her şeye kâdirdir.

Bu tekbîr, tehlîl ve tahmîdden sonra eller kaldırılır ve duâ edilir. (Resim 27, Resim 28)

Bütün namazların kılınış şekli böyledir. Ancak, 3 ve 4 rek'atli farzlar ile 4 rek'atli sünnet-i müekkedelerin ve vitir namazının birinci oturuşunda sâdece "**Ettehıyyâtü**" okunur. "**Allâhümme salli ve Allâhümme bârik**" okunmaz. Fakat ikindi namazının sünneti ile yatsı namazının ilk dört rek'at sünneti gibi, sünnet-i gayri müekkedelerin birinci oturuşlarında "**Ettehıyyâtü**"den sonra, "**Allâhümme salli**" ve "**Allâhümme bârik**" de okunur. Üçüncü rek'atin başında diğer dört rek'atli namazların aksine "**Sübhâneke**" okunur. Sonra "**Eûzü ve Besmele**" çekilerek "**Fâtiha**"ya başlanır.

Öğle namazının sünnetinde, "**Niyet ettim Allâh rızâsı için bugünkü öğle namazının sünnetine**" diye kalben

---

* Bakara Sûresi, âyet 255

niyet edilir. Farzında ise, **"Niyet ettim Allâh rızâsı için bugünkü öğle namazının farzına"** diye kalben niyet edilir. Son sünnetine, **"Niyet ettim Allâh rızâsı için bugünkü öğle namazının son sünnetine"** diye kalben niyet edilir.

İkindi namazının sünnetinde: **"Niyet ettim Allâh rızâsı için bugünkü ikindi namazının sünnetine"**; farzında, **"Niyet ettim Allâh rızâsı için bugünkü ikindi namazının farzına"** diye kalben niyet edilir.

Akşam namazının farzında: **"Niyet ettim Allâh rızâsı için bugünkü akşam namazının farzına"**, sünnetinde de, **"Niyet ettim Allâh rızâsı için bugünkü akşam namazının sünnetine"** diye kalben niyet edilir.

Yatsı namazının ilk sünnetinde, **"Niyet ettim Allâh rızâsı için bugünkü yatsı namazının ilk sünnetine"**, farzında da, **"Niyet ettim Allâh rızâsı için bugünkü yatsı namazının farzına"**, diye kalben niyet edilir. Son sünnetinde **"Niyet ettim Allâh rızâsı için bugünkü yatsı namazının son sünnetine"** diye kalben niyet edilir. Daha sonra kılınan üç rek'at vitir namazında ise: **"Niyet ettim Allâh rızâsı için vitir namazını kılmaya"** diye kalben niyet edilir.

Bütün niyetler kalben yapılır. Kalbin kasdı olmadan yalnız dil ile niyet olmaz. Kalbin kasdı niyeti ile dilin de söylemesi câizdir.

BEŞ VAKİT NAMAZ

1– SABAH NAMAZI

Sabah namazı ikisi sünnet, ikisi farz olmak üzere 4 rek'attir. İlk önce sünnet, sonra farz kılınır. Namaz kılmak isteyen kimse, abdestli olarak kıbleye döner ve ayakta olduğu halde, kalbinden **"sabah namazının sünnetini kılmaya"** niyet edip, **"Allâhü Ekber"** diye tekbir alır ve aynen " **Namaz nasıl kılınır?"** bölümünde tarif edildiği gibi iki rek'at namaz kılar. Böylece sabah namazının sünnetini kılmış olur. Sabah namazının farzı da tıpkı sünneti gibi kılınır. Farza başlarken kâmet getirir ve kalbinden **"Bugünkü sabah namazının farzına"** diye niyet eder. (Kadınlar hiç bir namazda kâmet getirmezler.) Bilenlerin sabah namazının farzında uzun sûre okumaları sünnettir. İki rek'at bitip selâm verdikten sonra yukarda tarif edildiği gibi, tesbihleri okur ve duâ eder.

2– ÖĞLE NAMAZI

Öğle namazını kılacak kimse, önce **"öğle namazının sünnetine"** niyet edip, tıpkı sabah namazının sünneti gibi iki rek'at kıldıktan sonra oturur, **"Ettehıyyâtü"** okur. selâm vermeden **"Allâhü Ekber"** deyip üçüncü rek'ata kalkar ve **"Fâtiha"** okur. Üçüncü ve dördüncü rek'atları tıpkı evvelki iki rek'at gibi kıldıktan sonra oturur. **"Ettehıyyâtü"**, **"Allâhümme salli"**, **"Allâhümme bârik"**, **"Rabbenâ âtinâ"** duâlarını sonuna kadar okuyup selâm verir.

Öğle namazının farzı da sünneti gibi kılınır. Yalnız, erkekler önce kâmet okurlar. **"Bugünkü öğle namazının**

farzını kılmaya" diye niyet edilir. Üçüncü ve dördüncü rek'atlarında yalnız **"Fâtiha"** okunur. Başka bir sûre veya başka bir âyet okunmaz. Diğer farz namazların üçüncü ve dördüncü rek'atlarında da sadece **"Fâtiha"** okunup, başka bir şey okunmaz.

Öğlenin son sünneti de tıpkı sabah namazının sünneti gibi kılınır. Yalnız, başlarken **"Bugünün öğle namazının son sünnetine"** diye niyet edilir.

3– İKİNDİ NAMAZI

İkindi namazını kılmak isteyen kimse, önce dört rek'at sünnet kılar. **"Bugünkü ikindi namazının sünnetini kılmaya"** diye niyet eder. İlk iki rek'ati sabah namazının sünneti gibi kılar. Ancak ikinci rek'atte **"Ettehıyyâtü"** den sonra **"Allâhümme salli, Allâhümme bârik"** de okur. selâm vermeden **"Allâhü Ekber"** diye üçüncü rek'ata kalkar, **"Fâtiha"**dan önce **"Sübhâneke"** ve Eûzü-Besmele okumak sûretiyle iki rek'at daha kılar.

İkindinin farzı, aynen öğlenin farzı gibi kılınır. Yalnız niyet değişiktir. **"İkindinin farzına"** diye niyet edilir. Farza başlamadan önce erkeklerin, kâmet getirmeyi ihmâl etmemeleri lâzımdır.

4– AKŞAM NAMAZI

Akşam namazında farz evvel, sünnet sonra kılınır. Akşam namazını kılacak kimse, önce kâmet edip **"Bugünkü akşam namazının farzına"** diye niyetlenir, üç rek'at farz kılar. Birinci ve ikinci rek'atleri sabah namazının farzı gibi kıldıktan sonra, oturup "**Ettehıyyâtü**"yü okur, "**Allâhü Ekber**" diye üçüncü rek'ata kalkar. Üçüncü rek'ati yalnız bir Fâtiha ile kılarak oturur. "**Ettehıyyâtü,, Allâhümme salli, Allâhümme bârik, Rabbenâ âtinâ**" gibi duâları okur, selâm verir.

Farzdan sonra, "**akşam namazının sünnetine**" diye kalben niyetlenerek, aynen sabah namazının sünneti gibi iki rek'at sünnet kılar.

5–YATSI NAMAZI

Yatsı namazında, önce tıpkı ikindinin sünneti gibi dört rek'at sünnet, ondan sonra kâmet getirerek öğlenin farzı gibi dört rek'at farz, daha sonra sabah namazının sünneti gibi iki rek'at son sünnet kılınır. Bunların farkı yalnız niyetlerdedir. Başka fark yoktur.

VİTİR NAMAZI

Vitir namazı vâcip olup üç rek'attir. Yatsı namazından sonra kılınır. Her rek'atte Fâtiha ve bir sûre okunur.

Vitir namazı şöyle kılınır:

İlk önce, "**Bugünün vitir namazını kılmaya**" diye kalben niyet edilir. "**Allâhü Ekber**" deyip tekbir alınarak namaza durulur. Sabah namazının sünneti gibi iki rek'at kıldıktan sonra oturup sadece "**Ettehıyyâtü**" okunur. "**Allâhü Ekber**" diye üçüncü rek'ate kalkılır. Fâtiha ve bir sûre okunur. Bundan sonra rükûa gitmeden, eller bırakılır. "**Allâhü Ekber**" diye eller kaldırılarak tekbir alınır.

Sonra eller bağlanıp kunut duâları okunur. Bundan sonra elleri bırakıp, diğer namazlarda olduğu gibi "**Allâhü Ekber**" diye rükû yapılır. Secdelerden sonra da oturulur, tahiyyat, salavât ve duâdan sonra selâm verilir.

Böylece bir gün içerisinde kılınması icabeden beş vakit namaz; farzıyla, vâcibiyle ve sünnetleriyle beraber kılınmış olur.

Beş vakit namazdaki rek'atlerin sayıları:

a) Farzlar:

Sabah 2, Öğle 4, İkindi 4, Akşam 3, Yatsı 4 olmak üzere, **17 rek'attir.**

b) Vâcip:

Sâdece vitir namazı olmak üzere, **3 rek'attır.**

c) Sünnet-i müekkedeler:

Sabah 2, Öğle 4+2, Akşam 2, Yatsı 2 olmak üzere, **12 rek'attir.**

d) Sünnet-i gayr-i müekkedeler:

İkindi 4,Yatsı 4 olmak üzere, **8 rek'attir.**

SEHİV SECDESİ

Sehiv secdesi, namazda unutma veya gafletle yapılan bir noksanlık veya fazlalıktan meydana gelen hatayı düzeltmek için yapılması vâcip olan secdedir.

SEHİV SECDESİNİN İCABETTİĞİ YERLER

Sehiv secdesi namaz içindeki bir vâcibin terk veya tehir edilmesinden, farzın ise sadece geciktirilmesinden dolayı lazım gelir. Farzın terk edilmesinde ise, sehiv secdesi kâfî gelmez; namazın yeniden kılınması gerekir.

Namazın sünnetlerinden herhangi birinin terkedilmesi halinde ise, sehiv secdesi lazım gelmez.

Bir kimse namazda gizli okunacak yerde âşikâr okusa, vitir namazında kunutu terk etse veya dört rek'atli bir namazda birinci oturuşu unutarak terketmiş olsa, **secde-i sehiv** yapar. Böylece noksanını tamamlamış, hatasını düzeltmiş olur.

SEHİV SECDESİ'NİN YAPILIŞI:

Sehiv secdesi icabettiği zaman, "**Ettehıyyâtü**"yü okuduktan sonra iki tarafa selâm verilir, "**Allâhü Ekber**" diye tekbir getirerek arka arkaya iki secde yapılır.

İkinci secdeden sonra oturulup, "**Ettehıyyâtü, Allâhümme salli, Allâhümme bârik ve Rabbenâ âtinâ...**" duaları okunarak selâm verilir.

Sehiv secdesi yapacak kimse imamsa, yalnız sağ tarafına selâm verip sehiv secdesi yapar.

CUMÂ NAMAZI

Cumâ namazı, cumâ günü öğle vakti cemâatle kılınması farz olan bir namazdır.

Beş vakit namazın şartlarından başka cuma namazının iki şartı daha vardır:

1- Vücûbunun, yani bir Müslüman üzerine farz olmasının şartları,

2- Sıhhatinin, yani cumâ namazının sahih olmasının şartları.

Cuma Namazının Vücûbunun Şartı Yedidir:

1- Erkek olmak, (Kadın ve hünsâ olmamak.)

2- Hür olmak, (Esir veyâ hapis olmamak.)

3- Mukîm olmak, (Seferî olmamak.)

4- Sıhhatli olmak, (Namaza gidemeyecek kadar hasta olmamak.)

5- Gözleri sağlam olmak, (Âmâ olmamak.)

6- Ayakları sağlam olmak, (Kötürüm olmamak.)

7- Namaza gitmeye mâni' ve gitmemeyi mübah kılan bir özrü bulunmamak. (Düşman korkusu, şiddetli yağmur, çamur gibi şeyler cumâya mâni' hâllerdir.)

Cumâ Namazının Sıhhatinin Şartı Altıdır:

1- Cumâ namazı kılınacak yer, şehir olmak (izin ve berât verilen köylerde de kılınabilir),

2- Emîr veya vekîlinin kıldırması,

3- Öğle namazı vaktinde kılınması,

4- Cemâatin huzûrunda hutbe okumak,

5- İmamdan başka üç kişi bulunmak,

6- Cumâ kılınan yer herkese açık olmak.

CUMÂ NAMAZINA NİYET

Evvelâ kılınan dört rek'ata "cumâ'nın ilk sünnetine" diye niyet edilir. Sonra imamla kılınan iki rek'at, cumâ namazının farzıdır. Bundan sonra kılınan dört rek'at, cumânın son sünnetidir.

Daha sonra kılınan dört rek'at ise "zuhr-i ahîr" dir. Buna şöyle niyet edilir: "Niyet ettim edâsı üzerime farz olup da henüz üzerimden sâkıt olmayan en son öğle namazının farzına."

Bu şekilde niyet edilirse, eğer o günün cumâ namazı, şartlarında bir noksanlıktan dolayı kabul olunmamışsa, öğle namazı kılınmış olur; kabul olunmuşsa, en son kazâya kalmış öğle namazına sayılır.

Zuhr-i ahîrden sonra kılınan iki rek'ata "vaktin sünnetine" diye niyet edilir.

Cumanın farzından sonra bu on rek'at kılınmadığı takdirde, şartlarında bir noksanlıktan dolayı cuma namazı kabul olunmamışsa, öğle namazı, üzerine borç olarak kalır. Bu sebeple cumanın farzından sonra kılınacak bu on rek'ati kat'iyyen terk etmemelidir.

BAYRAM NAMAZI

Kendilerine cumâ namazı farz olan kimselere bayram namazları vâciptir.

İki bayram namazı vardır: Biri, **Ramazan Bayramı** namazı, diğeri de **Kurban Bayramı** namazıdır.

Bayram namazlarının vakti, güneşin doğmasından takrîben 45 dakika sonra başlayıp kaba kuşluğa kadardır. Bayram namazları ikişer rek'attir ve cemâatle kılınır. Aynen sabah namazının farzı gibi olup, fazla olarak her rek'atte üçer tekbir vardır.

Üçü, birinci rek'atte Sübhâneke'den sonra Fâtiha'dan evvel; üçü de ikinci rek'atte kırâatten (zammı sûreden) sonradır. Bu altı tekbir vâciptir. Her iki rek'atin rükû tekbirleri de vâcip olan tekbirlere yakın olduğundan vâciptir. İftitâh tekbiri her namazda olduğu gibi bayram namazlarında da farzdır. Diğer tekbirler sünnettir.

Bayram namazlarında hutbe, namazdan sonra okunur. Ramazan bayramında **sadaka-i fıtırdan,** kurban bayramında da kurbandan bahsedilir.

Kurban bayramının arefe günü sabah namazından, dördüncü günün ikindi namazına kadar **23 vakit namazda,** farzdan sonra teşrik tekbiri okumak vâciptir.

Teşrik tekbîri şöyledir:

Allâhü Ekber Allâhü Ekber. Lā ilâhe İllallâhü vallâhü ekber. Allâhü ekber ve lillâhil-hamd.

Bu tekbiri her mükellef kadın ve erkeğin, -Namazı ister cemâatle ister tek başına kılsın, ister müsâfir, ister mukim olsun- farzın hemen akabinde okumaları vâciptir.

KAZÂ NAMAZLARI

Erkek ve kadın her akıllı müslüman bâliğ olduktan (ergenlik çağına girdikten) sonra, diğer dinî vazifelerle beraber beş vakit namazı hiç geçirmeden eda etmek mecburiyetindedir. Kat'iyyen geçirmemeye gayret etmelidir. Kur'ân-ı Kerîm'de Cenâb-ı Hak ellibeş yerde her müslümana namazla emretmektedir. Ayrıca otuz üç yerde, namaz zekâtla beraber emrolunmaktadır.

Hulâsa, Kur'ân-ı Kerîm'de, namaz emri yüzden fazla âyetle sâbittir. Namaz hakkında emrin bu kadar çok tekrar edilmesi, namazın fazilet ve sevâbının büyüklüğüne işarettir. Terk edenler için de, cezasının çok ağır olacağına delâlet eder.

Peygamber Efendimiz bir hadîs-i şerîflerinde "Kıyâmet gününde kulun en evvel sorguya çekileceği şey, namazdır." buyurmuşlardır. Bu hadîs-i şerîfte, Namaz hesabını tam verenlerin diğerlerinde kolaylık göreceğine, veremeyenlerin, zorda kalacağına işaret vardır.

Bir insan, bir vakit namazın yerine milyonlarca lira sadaka verse veya birinin iki rek'at namazı yerine bir başkası yüz rek'at namaz kılsa, namaz borçlusu şahıs bunlarla mes'ûliyetinden hiç bir sûrette kurtulamaz.

Namaz kime farz olmuşsa ancak onun tarafından kılınmak sûretiyle edâ edilir. Binâenaleyh bir kimsenin gaflet veya tembellik yüzünden vaktinde kılamadığı namazı varsa hiç zaman geçirmeden kazâ etmeli, bu namazı kazâya bıraktığı için de ayrıca tevbe ve istiğfâr etmelidir.

Namaz borcu olan kimse, borçlarını hesaplar. **En sonundan başlayarak kazâ edip bitirir.** En evvelinden başlamak câiz ise de, en kâmil yaşta kazâya kalanların cezâsının daha ağır olacağından dolayı önce onları affettirmek düşüncesiyle sonundan başlayarak, kazâ etmek evlâdır. Kazâ ederken **yalnız farzlar ve vitir kılınır.** Sünnetler kazâ edilmez.

Kazâ namazı, kerâhet vakitleri haricinde, her zaman kılınabilir.

Kazâ borcu olan; beş vakit namazın sünnetleri, teheccüd, evvâbin, duhâ, tesbih namazları ve mübârek gecelerde kılınan hâcet namazlarını ve sâir nâfileleri kılabilir. Bunları kılmasında hiç bir mahzur yoktur. *(İbni Âbidîn c. 1, s. 688)*

BÂZI NÂFİLE NAMAZLAR

İnsan farz namazları noksansız edâ etmekle beraber, bunun dışında nâfile olan evvâbîn, teheccüd, duhâ ve tesbih namazlarını da kılmaya gayret etmelidir. Çünkü, bunlarda sayılamayacak kadar büyük sevap ve hasene vardır. Bir hadîs-i kudsîde Cenâb-ı Hak: "Kulum farzlarla benim azâbımdan kurtulur, nâfilelerle de bana yaklaşır." buyuruyor.

EVVÂBÎN NAMAZI

Evvâbîn namazında yüz hasene (ilâhî ihsan) vardır. Cenâb-ı Hak bunun yetmişbeşini âhirette, yirmibeşini de dünyada verir. Binâenaleyh Evvâbîn namazını kılmaya devam edenler mahşer sıkıntısı çekmezler. Evvâbîn namazı akşam namazını müteâkip 6 rek'at olarak kılınır.

DUHÂ NAMAZI

Duhâ namazında da yüz sevap vardır. Cenâb-ı Hak bunun yetmişbeşini dünyada, yirmibeşini âhirette verir. Binâenaleyh duhâ namazı kılmaya devam edenler dünya sıkıntısı çekmezler. Duhâ namazı, güneş doğduktan 45 dakika sonra 6 rek'at olarak kılınır.

TEHECCÜD NAMAZI

Teheccüd namazının sevâbı hudutsuzdur. Kılmaya devam edenlerin duâsı kabul, dereceleri yüksek olur. Resûlüllâh Sallallâhü Aleyhi ve Sellem Efendimiz'in hiç terketmediği bir namazdır. Bu da 6 rek'at olarak teheccüd vaktinde kılınır.Teheccüd vakti, geceyarısı yani, öğlenin girdiği vaktin zıddıdır, imsak vaktine kadar devam eder. Mesela: Gündüz öğle vakti saat 12.00'de ise gece saat 12.00'de teheccüd vakti giriyor demektir.

Bu namazların niyetleri ve nasıl kılınacağı **"Mübârek Gün ve Gecelerde Yapılması Tavsiye edilen DUÂ ve İBÂDETLER"** isimli eserimizde geniş olarak izah edilmiştir.

TESBÎH NAMAZI

Tesbîh namazı tevbenin, istiğfârın en büyüğü ve bütün vücudla yapılanıdır.

Hazret-i İkrime'den ve o da Hazret-i İbn-i Abbas'dan rivâyet etmişlerdir ki, Hazret-i Resûlü Ekrem (sallallâhü aleyhi ve sellem) muhterem amcaları Hazret-i Abbas'a hitâben tesbih namazı ile alakalı şöyle buyurmuşlar:

"**Ey amca,** sana on haslet haber vermekle ikrâm etmiş olayım ki, onu işlediğin vakit günâhının evveli ve âhiri, yenisi ve eskisi, hatâen ve kasden yapılanı, küçüğü ve büyüğü, gizlisi ve âşikâr olanı mağfiret edilmiş olsun... Muktedir olursan bu tesbih namazını her gün kıl. Her gün kılamazsan ayda bir kere kıl. Onu da yapamazsan senede bir, onu da yapamazsan ömründe bir kere kıl."

TESBÎH NAMAZININ KILINIŞI

Tesbîh namazı 4 rek'attir. Bu namazda 300 defa şu tesbih okunur:

سُبْحَانَ اللّٰهِ وَالْحَمْدُ لِلّٰهِ وَلَٓا اِلٰهَ اِلَّا اللّٰهُ وَاللّٰهُ اَكْبَرُ

وَلَا حَوْلَ وَلَا قُوَّةَ اِلَّا بِاللّٰهِ الْعَلِيِّ الْعَظِيمِ ❁

Sübhânellâhi velhamdü lillâhi velâ ilâhe illallâhü vellâhü ekber velâ havle velâ kuvvete illâ billâhil-aliyyil-azîm.

Bu tesbîh, namaz içinde şöyle okunur:

15 Kere Sübhâneke'den sonra (Fâtiha'dan önce),
10 Kere Zamm-ı sûreden sonra,
10 Kere Rükûda,
10 Kere Rükûdan kalkınca ayakta (kavmede),
10 Kere Birinci secdede,
10 Kere İki secde arasındaki oturmada (celsede),
10 Kere İkinci secdede,

Birinci rek'atte okunan tesbihlerin adedi 75'tir. İkinci rek'atte aynı sıralama ile yine 75 defa okunur. İkinci rek'atten sonra oturulduğunda "Ettahiyyâtü"den sonra "Allâhümme salli ve Allâhümme bârik" üçüncü rek'at için ayağa kalkıldığında da "Sübhâneke" okunur. Üçüncü ve dördüncü rek'atler de ilk iki rek'at gibi kılınır.

Tesbih namazı, kılınması teşvik edilmiş bir namazdır. Bunu alışkanlık haline getirmek müstehaptır. Tembelllik etmemek lazımdır.

Kılmasını bilmeyenlerin de istifâde etmesi maksadı ile cemâatle de kılınabilir. Cemâatle kılınırsa imam olacak kimse bu namazı kılmayı evvela nezreder ve namazı kıldırırken tesbihleri her yerde cehrî (sesli) okur. Cemâat ise dinler.

ABDEST FOTOĞRAFLARI

Sultanahmed Camii - İstanbul

Resim: 1

Eller bileklere kadar yıkanmalıdır. Yıkanırken bir elin parmakları diğer elin parmakları arasına geçirilerek hilallenir. Yüzük varsa, oynatılarak altına su geçmesi temin edilir.

Resim: 2

Misvak kullanmak abdestin sünnetlerindendir. Misvak sağ ele alınır, serçe parmağın üstünden geçirilir, başparmakla altından tutulur. Islatılarak ağzın sağ tarafından başlanır, dişlere enine sürülür.

Resim: 3

Ağıza, dolusunca sağ elle su alıp çalkalanır. Yalnız oruçlu olanlar, boğazlarına kaçmaması için ağızlarına suyu dolu dolu almazlar.

Resim: 4

Buruna su sağ elle verilir, sol elle temizlenir. Oruçlu olanlar buruna suyu çok hızlı çekmezler.

Resim: 5

Yüzde yıkanacak yerler; başın ön kısmında kıl bitimi yerinden itibaren çene altına kadar olan ve iki kulak yumuşağı arasında bulunan kısımdır.

Resim: 6

Sağ avuca su alınıp dirseğe doğru akıtılır. Kol, sol elle dirseklere kadar ovulur. Böylece hiç kuru yer bırakılmaz.

Resim: 7

Sol avuca su alınıp, dirseğe doğru akıtılır. Kol, sağ elle dirseklere kadar ovulur, dirsekler dâhil kol ıslatılır.

Resim: 8

Sağ el ıslatılır, başın ön tarafına kıl bitiminden itibaren konulup, ıslak elle meshedilir.

Resim: 9

Kulakların içi işaret parmakları ile, arkası da baş parmağın içi ile meshedilir.

Resim: 10

Baş ve işaret parmakları hariç diğer üç parmağın dışıyla boyun mesh edilir. Eller öne doğru çekilirken çene altına doğru değil, kulak altından yüze doğru getirilir.

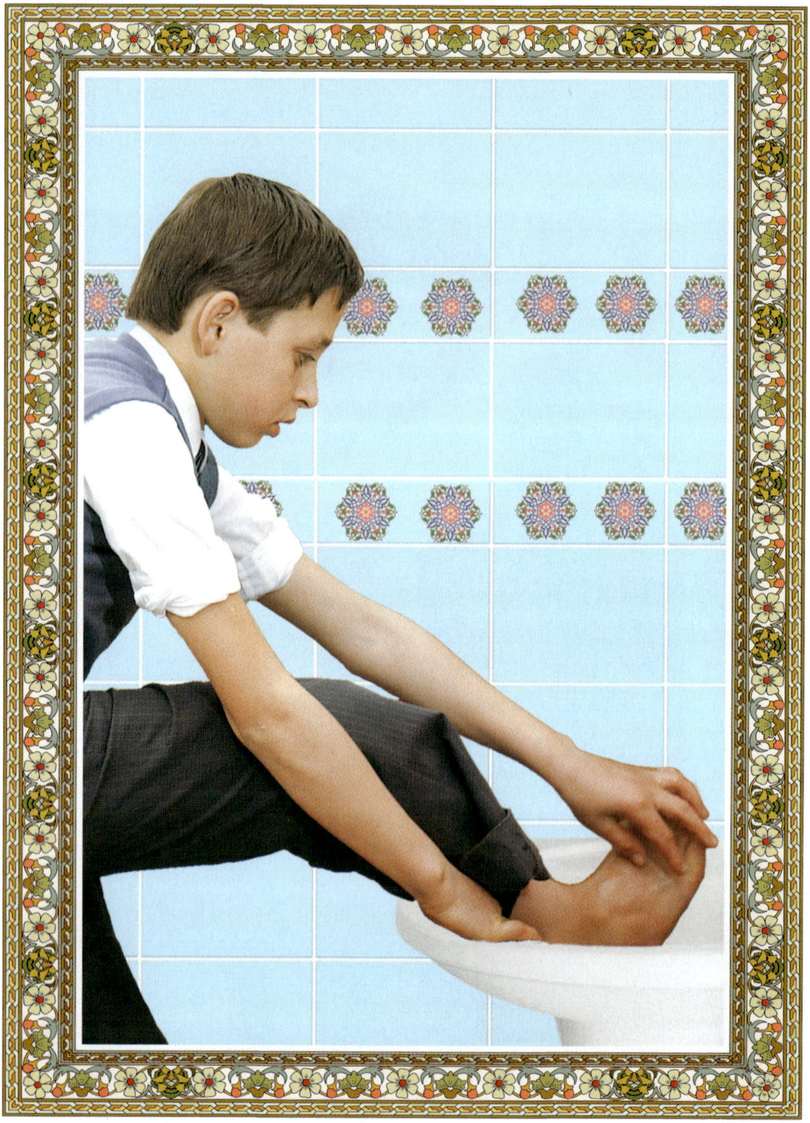

Resim: 11

Sol elin serçe parmağı ile sağ ayağın parmak araları, küçük parmaklardan başlamak suretiyle hilallenir ve ayağın tamamı yıkanır. Su, topuğun üst tarafından iki tarafa çıkık olan kemiklere kadar ulaştırılır.

Resim: 12

Sol ayak da sağ ayak gibi sol elle yıkanır. Sol ayakta parmak aralarını hilallemeye baş parmaktan başlamalıdır.

İbrik Leğen

KADIN VE ERKEĞİN NAMAZ KILIŞ ŞEKİLLERİ

Mescid-i Harâm, Kâbe-i Muazzama

Resim: 13 Tekbîr. Gözler secde yerine bakıyor. Ellerin içi kıbleye dönük, baş parmak kulak yumuşağına değiyor. İki ayak birbirine paralel, ayaklar arasında 4 parmak mesafe var.

Resim: 14 Tekbîr. Gözler secde yerine bakıyor. Eller göğüs hizasında, parmak uçları omuz hizasını geçmiyor.

Resim: 15 Kıyâm. Gözler secde yerine bakıyor. Eller göbek altına bağlanmış vaziyette. Sağ elin küçük parmağıyla başparmak, sol elin bileğini halka gibi kavramış şekilde. İki ayak arası 4 parmak kadar açık ve birbirine paralel.

Resim: 16 Kıyâm. Gözler secde yerine bakıyor. Eller göğüs üstünde ve sağ el sol elin üzerinde.

Resim: 17 Rükû. Gözler iki ayak ucuna bakıyor. Baş ile sırt aynı hizada, sırt düz vaziyette ve yere paralel durumda. Bacak ve kollar gergin, parmaklar açık, sıkıca diz kapaklarını kavramış vaziyette.

Resim: 18 Rükû. Gözler iki ayak ucuna bakıyor. Baş ile sırt aynı hizada olmayıp, baş daha yukarda. Parmak araları kapalı olarak eller diz kapakları üzerinde.

Resim: 19 Secde. Alın ve burun yere değiyor. Baş iki el arasında, parmaklar kıbleye doğru. Dirsekler yere değmiyor ve vücuda yapışık değil. Karın, oyluklardan ayrı. Ayak parmakları kıbleye dönük, topuklar bitişik.

Resim: 20 Secde. Alın ve burun yere değiyor. Baş iki el arasında, parmaklar kıbleye doğru. Dirsekler yere değiyor ve vücuda yapışık, oyluklar da karına bitişik vaziyette. Ayakların üstü yere gelmiş şekilde ve her iki ayak sağa yatık.

Resim: 21 Ka'de. Gözler oyluklara bakıyor. Eller oyluklar üzerinde, parmaklar kendi halinde. Sol ayak yatık ve üzerinde oturulmuş. Sağ ayak dik ve baş parmağı kıbleye dönük.

Resim: 22 Ka'de. Gözler oyluklara bakıyor. Eller oyluklar üzerinde, parmaklar kendi halinde. Her iki ayak sağa çıkarılmış, sol ayak üzerine değil, yere oturulmuş vaziyette.

Resim: 23 Sağa selâm. Eller oyluklar üzerinde, parmaklar kendi halinde. Sağ ayak dik, baş parmak kıbleye dönük. Baş sağa çevrilmiş ve gözler omuza bakıyor.

Resim: 24 Sağa selâm. Eller oyluklar üzerinde, parmaklar kendi halinde. Her iki ayak sağa çıkarılmış vaziyette. Baş sağa çevrilmiş ve gözler omuza bakıyor.

Resim: 25 Sola selâm. Eller oyluklar üzerinde, parmaklar kendi halinde. Sağ ayak dik, baş parmak kıbleye dönük. Baş sola çevrilmiş ve gözler omuza bakıyor.

Resim: 26 Sola selâm. Eller oyluklar üzerinde, parmaklar kendi halinde. Her iki ayak sağa çıkarılmış vaziyette. Baş sola çevrilmiş ve gözler omuza bakıyor.

Resim: 27 Duâ. İki el birleştirilmiş, parmak uçları omuz hizasında. Avuçlar semâya doğru açık ve yüze meyilli tutulmuş. Başparmak diğer parmaklara bitişik değil.

Resim: 28 Duâ. İki el birleştirilmiş, parmak uçları omuz hizasında. Avuçlar semâya doğru açık ve yüze meyilli tutulmuş. Başparmak diğer parmaklara bitişik değil.

Mescid-i Nebevî

CENÂZE BAHSİ

Vefât etmek üzere olan Müslüman sağ tarafı üzerine yatırılarak yüzü kıbleye çevrilir. Yanında Kelime-i Şehâdet getirilir ve Yâsîn Sûresi okunur.

Vefât edince, bir bez ile çenesi başı üzerinden bağlanır. Gözleri kapatılıp elleri iki tarafına uzatılır. Şişmemesi için karnı üzerine bir demir parçası konulur. Yıkanıncaya kadar yanında **Kur'ân** okunmaz. Yıkanılacağı zaman, ayakları kıbleye gelecek şekilde teneşir üzerine yatırılır. Avret yeri açılmadan elbisesi çıkarılır ve ısıtılmış su ile yıkanır.

Vefât eden, namaz kılmakla mükellef birisi ise, yıkayıcı eline bir bez sararak örtüyü açmadan tahâret yaptırır. Ağzına, burnuna su vermeden abdest aldırır. Cünüp olduğu biliniyorsa ağzına ve burnuna da su verilir. Cünüp değilse; dudaklarının içini, dişlerini, burun deliklerini ve göbeğinin çukurunu meshetmek kâfîdir.

Başı ve sakalı sabunlu su ile yıkanır. Fakat saçları taranmaz. Yıkayıcı daha sonra cenâzeyi sol tarafı üzerine yatırıp sağ tarafını, sağ tarafı üzerine yatırıp sol tarafını yıkar. Sonra, belden yukarısını doğrultup, kendisine dayayarak karnını mesheder. Cenâzeden necâset çıkarsa su ile temizler, yeniden abdest vermesi icap etmez. Temiz bir bezle kurulayıp kefenler.

KEFEN

Kefen; vefât eden Müslümanın, sarılıp kabre konulduğu bezdir.

Kefen; erkekler için, kamîs, izâr, lifâfe; kadınlar için ise, kamîs, izâr, lifâfe, baş örtüsü ve göğüsler üzerine bağlanan bezden ibarettir.

Kâfî miktarda bez bulunamayacak olursa, erkekler için **izâr** ve **lifâfe,** kadınlar için de **izâr, lifâfe** ve **baş örtüsü** kafî görülür. Bu kadar da bulanamazsa, cenâze bir beze sarılıp gömülür. Kefenin beyaz ve pamuk kumaştan olması efdaldir.

CENÂZE NASIL KEFENLENİR?

Cenâze, kamîs ile boynundan ayağına kadar, izâr ile de başından ayağına kadar kefenlenir. Lifâfe ile de baştan ayağına kadar sarılıp dürülür ve iki ucu bağlanır.

Kefende, önce sol taraf sonra sağ taraf dürülür, sağ üstte olur. Cep ve yaka yapılmaz ve kenarları dikilmez.

Kadınlarda; baş örtüsü kamîsin üzerine, lifâfenin altına gelecek şekilde örtülür.

CENÂZE NAMAZI

Cenâze namazı, vefat eden din kardeşlerimiz hakkında duâ olmak üzere bir **farz-ı kifâye**dir.

Cenâze namazının kılınması için aranan şartlar şunlardır:

1- Ölenin Müslüman olması. Müslüman olduğu bilinmeyen, bu hususta hâli gizli olan kimsenin cenâze namazı kılınmaz. Ölenin Müslüman olduğuna muteber şâhid ve delil lazımdır.

2- Ölünün yıkanıp temiz kefene sarılmış olması.

3- Ölünün, imam ve cemâatin önünde olması.

4- Ölünün tamamının veya bedeninin çoğunun mevcut olması. Eğer bedeninin çoğu gitmiş veya başsız olarak yarısı varsa namazı kılınmaz, yıkanmaz. Bir beze sarılarak gömülür.

CENÂZE NAMAZININ KILINIŞI

Cenâze namazı dört tekbir ve kıyâmla edâ edilir. Bu namazda secde ve rükû yoktur.

İmam, ölünün göğsü hizâsında durur. Cemâat da arkasında saf tutar. Cemâate ölünün erkek veya kadın olduğu duyurulur, ona göre niyet edilir. Yani "**Allâh için namaza, meyyit için duâya, er kişi (veya hâtun kişi) niyetine uydum hâzır olan imâma**" diye kalben niyet edip imamın arkasından tekbir alınır. İlk tekbiri alırken eller kulak hizâsına kadar kaldırılıp göbek altında bağlanır, Sübhâneke, "**ve celle senâüke**" ile okunur.

Bundan sonra eller kaldırılmadan ikinci bir tekbir alınır. Bu tekbirleri imam âşikâr, cemâat ise gizli alır. "**Allâhümme salli ve Allâhümme bârik...**" okunur. Bundan sonra üçüncü tekbir alınır ve **cenâze duâsı** okunur.

Cenâze duâsını bilmeyenler burada "**Allâhümme innâ nesteıynüke...**" yi yani kunut duâsını veya duâ niyeti ile Fâtiha-i şerîfeyi okurlar. Daha sonra dördüncü tekbir alınır, eller yan tarafa bırakılıp selâm verilir.

Üçüncü tekbirden sonra okunacak cenâze duâsı:

اللّٰهُمَّ اغْفِرْ لِحَيِّنَا وَمَيِّتِنَا وَشَاهِدِنَا وَغَائِبِنَا وَكَبِيرِنَا وَصَغِيرِنَا
وَذَكَرِنَا وَأُنْثَانَا . اللّٰهُمَّ مَنْ أَحْيَيْتَهُ مِنَّا فَأَحْيِهِ عَلَى الْإِسْلَامِ
وَمَنْ تَوَفَّيْتَهُ مِنَّا فَتَوَفَّهُ عَلَى الْإِيمَانِ وَخُصَّ هٰذَا الْمَيِّتَ بِالرَّوْحِ
وَالرَّاحَةِ وَالرَّحْمَةِ وَالْمَغْفِرَةِ وَالرِّضْوَانِ . اللّٰهُمَّ إِنْ كَانَ مُحْسِنًا
فَزِدْ فِي إِحْسَانِهِ وَإِنْ كَانَ مُسِيئًا فَتَجَاوَزْ عَنْهُ وَلَقِّهِ الْأَمْنَ
وَالْبُشْرٰى وَالْكَرَامَةَ وَالزُّلْفٰى بِرَحْمَتِكَ يَا أَرْحَمَ الرَّاحِمِينَ

"Allâhümmağfir lihayyinâ ve meyyitinâ ve şâhidinâ ve gâibinâ ve kebîrinâ ve sağîrinâ ve zekerinâ ve ünsânâ. Allâhümme men ahyeytehû minnâ feahyihî alel-İslâmi ve men teveffeytehû minnâ feteveffehû alel-îmâni ve hussa hâzelmeyyite (*) birravhı verrâhati verrahmeti velmağfirati verrıdvân. Allâhümme in kâne muhsinen (**) fezid fî ihsânihî ve in kâne müsîen fetecâvez anhü ve lakkıhi'l-emne velbüşrâ velkerâmete vezzülfâ birahmetike yâ erhamerrâhimîn." (***)

(*) Kadın ise "hâzihil-meyyite" denir.

(**) Kadın ise "in kânet muhsineten fezid fî ihsânihâ ve in kânet müsîeten fetecâvez anhâ ve lakkıhe'l-emne" denir.

(***) Mânâsı: Allâh'ım! Bizim dirilerimizi, ölülerimizi, hâzır ve gâib olanlarımızı, büyüklerimizi ve küçüklerimizi, erkeklerimizi ve kadınlarımızı afv ü mağfiret buyur. Yâ Rab! Bizden yaşattıklarını İslâm üzere yaşat. Bizden öldürdüklerini îmân üzere öldür. Bilhassa bu ölüyü kolaylığa, rahatlığa, mağfirete, rızâna erdir. Yâ Rab! Eğer bu ölü, muhsin ise ihsânını artır; ve eğer yaramaz bulunmuş ise affet. Kendisine emniyet, beşâret, kerâmet ve kurbâniyet nasîb buyur, rahmetinle, yâ erhamerrâhimîn."

Cenâze erkek çocuk ise, yukarıdaki duâ "alel-îmâni" den îtibâren şöyle okunur: "Allâhümmec'alhü lenâ feratan vec'alhü lenâ ecran ve zuhrâ. Allâhümmec'alhü lenâ şâfian ve müşeffean."

Cenâze kız çocuk ise, yukarıdaki cenâze duâsı "alel-îmâni" den itibâren şöyle okunur: "Allâhümmec'alhâ lenâ feratan vec'alhâ lenâ ecran ve zuhrâ. Allâhümmec'alhâ lenâ şâfiaten ve müşeffeaten."

MÜHİM HATIRLATMA:

a) Bir çok kimseler, cenâze namazının dördüncü tekbirinde, ya hiç ellerini bırakmadan selâm vermekte veya sağ tarafa selâm verince sağ elini, sol tarafa selâm verince de sol elini yana bırakmaktadır.

Bu hareketlerin her ikisi de yanlıştır. Doğrusu, dördüncü tekbiri aldıktan sonra her iki eli yana bırakıp selâm vermektir. Çünkü kendisinde sünnet olan bir zikrin bulunduğu kıyâmlarda eller bağlanır. Sünnet olan bir zikrin kalmadığı kıyamlarda ise, eller bağlanmaz, yana salınır. (Dürer, 1/ 53)

b) Cenâze namazı içinde imam açıktan "Allâhü Ekber" diye tekbir aldıkça bazı kimseler kafalarını kaldırmaktadırlar. Bu da yanlış ve tehlikeli bir harekettir. Doğrusu, kafa ile ve de başka bir âzâ ile namaz müddetince hiçbir harekette bulunmamaktır.

c) Cenâze namazı kılınacak yer veya ayakkabı temiz değilse, ayakkabıyı çıkarıp üzerine basmalıdır.

KABİR VE DEFİN

Cenâze namazı kılındıktan sonra, tabutun dört ayağından tutup götürmek sünnettir. Mümkünse kırk adım taşımalıdır.Taşıyanlar süratle ve sallamadan götürürler. Cenâzeyi takip ederken yüksek sesle zikir yapmak, mezarlıkta cenâze yere konmadan oturmak mekruhtur.

Kabir en az yarım adam boyu derinlikte ve cenâzenin rahatça girebileceği genişlikte kazılmalıdır. Daha derin kazılması daha iyidir. Kabrin kazılması tamamlanınca yer sert ise lahit yapılır. Yani kabrin kıble tarafı, cenâzenin sığabileceği kadar oyulur ve cenâze oraya konulur. Cenâze kabre kıble tarafından indirilir. Kabre koyan kimse, cenâzeyi, sağ tarafı üzerine koyarak yüzünü kıbleye çevirir.

Koyarken de, "**Bismillâhi ve alâ milleti Rasûlillâh**" der. Kefenin baş ve ayak tarafındaki bağlar çözülür. Lahdin içindeki cenâzenin üzerine toprak dökülmemesi için kerpiç konulur. Kerpiç kolay temin edilecekse, onun yerine kuru odun parçası veya kiremit gibi şeyler koymak mekruhtur. Kabrin üzeri toprakla örtülür. Aynı yerden çıkan topraktan olması şartı ile, bir karış kadar yükseltilir, deve hörgücü gibi yapılır. Uzunca veya dört köşe yapılmaz.

Kabir sahibinin eseri kaybolmaması için taşlarına yazı yazmakta beis yoktur. Cenâzeyi ev içine gömmek mekruhtur. Ev içine gömülmek peygamberlere mahsustur. Sahibinden zorla alınan yere defnetmek de câiz değildir.

Cenâze sahiplerine tâziye yani başsağlığı dilemek üç gündür. **Üç günden sonra tâziye mekruhtur.**

Ölüyü bir şehirden diğer bir şehire götürmek faydasız ve mekruhtur.

Ölen kimsenin rûhu için **Kelime-i Tevhîd ve Kur'ân-ı Kerîm hatimleri** yaptırılıp rûhuna hediye edilmelidir. Bu ve benzeri hatimlerde ölü için çok büyük ecir, sevap ve fâide vardır. Yine ölünün rûhu için sadaka verip hayırlar yapmalı, fakirlere yardım ve ikrâmda bulunulmalıdır.

KABİR SUÂLİ

İnsan öldükten sonra kabre konulunca ona iki melek gelip; rabbinden, dîninden, peygamberinden, kitabından, suâl sorarlar. Îman, itâat ve iyi amel sahiplerine Cenâb-ı Hak orada meleklerin suâline cevap verecek bir kudret verir. Böylece meleklerin suâllerini cevaplandırmaya muktedir olurlar. Fakat kâfirler ve isyan ehli, Münker ve Nekir adlı suâl meleklerini görünce, heybetlerinden korkarak tutulup kalırlar, cevap veremezler.

Melekler, suâllerine cevap verebilen mü'minleri cennetle müjdeler ve o andan îtibâren bu mü'mine ilâhî ihsan ve mükâfâtlar başlar.

Cevap veremeyen kâfirlere ve günahkârlara ise: "Vah, yazıklar olsun sana" derler. Ve o kimsenin vücûduna cehennemden derhal mânevî bir hat bağlanır. Artık kabrinde azâb çekmeye başlar.

KABİRDE SUÂL VE CEVAPLARI

– Rabbin kimdir?

– Rabbim, Allâhü Teâlâ.

– Dînin nedir?.

– Dînim, Dîn-i İslâm.

– Peygamberin kimdir?

– Peygamberim, Muhammed aleyhisselâm.

– Kitâbın nedir?

– Kur'ân-ı Azîmüşşân'dır.

– Kıblen neresidir?
– Kıblem, Kâbe-i Muazzama.
– Kimin zürriyyetindensin?
– Hz. Âdem aleyhisselâmın zürriyetindenim.
– Hangi millettensin?
– Milletim, Millet-i İbrâhîm aleyhisselâm, Mü'minim Hakkâ, Müslümanım Elhamdülillâh.

KABİRLERİ ZİYÂRET

Erkek ve kadınlar için kabirleri ziyâret menduptur. Ziyâret esnâsında, 1 Fâtiha, 11 İhlâs-ı Şerîf okunur ve hediye edilir. Bununla birlikte Yâsîn-i Şerîf ve Elhâkümüttekâsür sûrelerini de okumak müstehabdır. Okumak için kabirler üzerine oturmakta kerâhet yoksa da, okumaksızın geçmek, üzerlerinde uyumak veya kirletmek mekrûhtur. Eğer kabirlere basmak zarûreti varsa, 1 Fâtiha,11 İhlâs-ı Şerîf okunup, o kabristanda yatan müslümanların ruhlarına hediye edildikten sonra basılıp geçilebilir. Kabir üzerindeki otları yolmak ve ağaçları kesmek mekruhtur. Çünkü ağaç ve otlar yaş olarak devam ettiği müddetçe, altında yatanların günahlarına keffârettir. Kurumuş olan ağaçları kesmek ve otları yolmakta beis yoktur. Evlâ olan, ondan da kaçınmaktır. Bilhassa insan kendi evine götürüp yakmamalı buna çok dikkat etmelidir.

SEFER BAHSİ

Sefer, karada deve ile veya yaya yürüyüşle onsekiz saatlik (bugünkü ölçü ile doksan kilometrelik), denizde ise altmış millik bir mesâfeye gitmektir. Bu kadar mesâfesi bulunan bir yere yolculuk yapan kimse **"müsâfir"** olur. Hangi vâsıta ile ve ne kadar kısa zamanda giderse gitsin, niyet edip yola çıkan kimse sefer hükümlerine tâbi'dir.

Müsâfir, köyün veya şehrin evleri hudûdunu çıkınca seferîdir. Ramazan ayı içinde bulunuyorsa oruç tutmayabilir. Tutamadığı günleri sonra kazâ eder. Bununla beraber sıhhatine zarar vermeyecekse, orucu tutması daha hayırlıdır.

Müsâfir dört rek'atli farzları iki rekat kılar. Akşam namazının farzını ve vitir namazını kısaltmadan, tam olarak kılar.

Yolda emniyet ve konak yerlerinde geniş vakit bulursa, sünnetleri olduğu gibi kılar. Bir korku veya yolculuk sebebiyle darlık ve meşakkat bulunursa sünnetleri kılmaz.

Bir kimse dört rek'atli farzları, Seferî iken dört kılarsa hata etmiş olur. Bundan dolayı istiğfâr etmesi lazım gelir. Ayrıca selâmı tehir etmiş olduğundan dolayı sehiv secdesi icap eder. Ancak seferî iken gittiği yerlerde, mukîm imama uyarsa imamla beraber tam kılar. Şâyet kendisi imam olursa iki rek'at kılar ve selâm verir. Kendisine uyan cemâat seferî ise imamla beraber selâm verir. Eğer cemâat seferî değilse, imam selâm verdikten sonra cemâat kalkar ve namazını tamamlar. Kıyâmda, isterse Fâtiha okur, isterse okumaz. Okumadığı takdirde okuyacak kadar bekledikten sonra rükû'a gider.

Yukarıda tarif ettiğimiz müsâfir kimse, gittiği şehir veya köyde en az onbeş gün ikâmete (kalmaya) niyet ederse, müsâfirlikten çıkmış olur ve namazları tam kılar. Onbeş gün ikâmete niyet etmediği halde işinin tamamlanmaması gibi bir sebeple bugün çıkarım, yarın çıkarım diyerek aylarca, hatta senelerce kalsa yine de sefer hükümlerine tâbidir.

Müsâfir kimse, asıl vatanına geldiğinde müsâfirlikten çıkmış olur. Asıl vatanında ne kadar az kalsa, yine de mukim olup, tam kılar.

Müsâfir bir kimse, seferde kazâya kalmış olan dört rek'atli farzları seferde veya memleketine döndüğünde iki rek'at olarak kazâ eder. Mukim iken kazâya bırakmış olduğu dört rek'atli namazları ise, seferde iken de dört rek'at olarak kazâ eder.

Vatan üç kısımdır:

1– Vatan-ı aslî,
2– Vatan-ı ikâmet
3– Vatan-ı süknâ

Vatan-ı aslî: İnsanın doğduğu veya evlendiği yerdir. Orada doğmamış ve evlenmemişse de yaşamaya niyet edip, ayrılmak istemediği yere de **vatan-ı aslî**, denir.

Vatan-ı aslî, ancak diğer bir vatan-ı aslî ile bozulur. Meselâ, insanın doğup büyüdüğü yer asıl vatanı iken, başka bir şehirden evlense ve eşinin doğup büyüdüğü yerde devamlı kalmaya niyet etse, kendi doğduğu yer asıl vatan olmaktan çıkar. Eski asıl vatanında, 15 günden daha az bir müddet için gelip kalacak olsa, 4 rek'atli farzları kısaltır ve 2 rek'at kılar. Nitekim Peygamber Efendimiz, Medîne'den, doğup büyüdüğü ve evlendiği Mekke şehrine geldiğinde namazlarını kısaltarak kılmıştır.

Bir kimsenin birden fazla zevcesi olsa, bunların her birini ayrı ayrı şehirlere yerleştirse, o şehirlerin hiç birinde seferî olmaz.

Vatan-ı aslî, Vatan-ı ikâmet ile bozulmaz.

Vatan-ı ikâmet: Müsâfirin en az 15 gün kalmaya niyet ettiği ve asıl vatanına en az 90 kilometre mesâfede bulunan yerdir. Burada, namazlar kısaltılmadan 4 rek'at kılınır. Vatan-ı ikâmet, diğer bir vatan-ı ikâmet ile ve vatan-ı aslîye dönmekle bozulur. Vatan-ı ikâmet, vatan-ı süknâ ile bozulmaz.

Vatan-ı süknâ: Müsâfirin 15 günden daha az bir müddet için oturmaya niyet ettiği ve asıl vatanına 90 kilometre veya daha fazla bir mesafede bulunan yerdir. Süknâ vatanında, 4 rek'atli farz namazlar iki rek'at kılınır.

KUR'ÂN KERÎM'DEKİ TİLÂVET SECDELERİ

Kur'ân-ı Kerîm'de tilâvet secdesi bulunan âyetlerin kenarında **"Secde"** diye yazılıdır. Kur'an okuyan kimse bu âyeti okuduğu zaman secde etmek üzerine vâcip olur. Bu kimse, kıbleye döner, ellerini kaldırmadan "Allâhü Ekber" diye tekbir alarak secdeye varır. Secdede 3 kere "Sübhâne rabbiyel-a'lâ" dan sonra tekrar "Allâhü Ekber" diye tekbir alarak doğrulur, ayağa kalkar. Ayağa kalkarken de "Semi'nâ ve e**ta**'nâ gufrâneke rabbenâ ve ileykelma**sîr**" der.

Secde âyetini işiten kimsenin de secde etmesi lazım gelir.

KUR'ÂN-I KERÎM'DEKİ SECDE ÂYETLERİ

1- Sûre-i A'râf, 206. âyet
2- Sûre-i Ra'd, 15. âyet
3- Sûre-i Nahl, 49. âyet
4- Sûre-i İsrâ, 107. âyet
5- Sûre-i Meryem, 58. âyet
6- Sûre-i Hac, 18. âyet
7- Sûre-i Furkân, 60. âyet
8- Sûre-i Neml, 25. âyet
9- Sûre-i Secde, 15. âyet
10- Sûre-i Sâd, 24. âyet
11- Sûre-i Fussılet, 37. âyet
12- Sûre-i Necm, 62. âyet
13- Sûre-i İnşikâk, 21. âyet
14- Sûre-i Alak, 19. âyet

MÜBÂREK GECELERDE YAPILACAK İBADETLER

MEVLİD GECESİ

Rebîulevvel ayının 12'nci yani onbirini onikisine bağlayan gece Mevlid Gecesi; Peygamber Efendimizin dünyâyı şereflendirdikleri gecedir.

Bu gecede bir tesbih namazı kılınır. **Namaza şöyle niyet edilir:** "Yâ Rabbi! Bu gece teşrifleri ile dünyâyı nûra gark ettiğin Sevgili Habîbin, başımızın tâcı Resûlü Zîşân Efendimizin hürmetine, ben âciz kulunu da afv-ı ilâhîne, feyz-i ilâhîne mazhar eyle. Allâhü Ekber."

REGÂİB GECESİ

Üçayların ilki olan **Recep** ayının ilk cumâ gecesi, yani perşembeyi cumâya bağlayan gece, **Regâib Gecesi**'dir. Bu gecede akşam ile yatsı arasında 12 rek'at hâcet namazı kılınır. 2 rek'atte bir selâm verilir.

Hâcet namazına şöyle niyet edilir: "Yâ Rabbi, beni, Peygamber Efendimiz hürmetine feyz-i ilâhîne, afv-ı ilâhîne, rızâ-i ilâhîne nâil eyle. Âbid kulların arasına kaydeyle. Dünya ve âhiret sıkıntılarından halâs eyle."

Her rek'atte, 1 Fâtiha, 3 İnnâ enzelnâhü,12 İhlâs-ı şerîf okunur. 12 rek'at bittikten sonra 7 veya 70 defa Salât-ı Ümmiye okunur. Salât-ı Ümmiye şudur:

اَللّٰهُمَّ صَلِّ عَلٰى سَيِّدِنَا مُحَمَّدِنِ النَّبِيِّ الْاُمِّيِّ وَعَلٰى اٰلِهِ وَصَحْبِهِ وَسَلِّمْ

"Allâhümme salli alâ seyyidinâ Muhammedini'n-Nebiyy'il-ümmiyyi ve alâ âlihî ve sahbihî ve sellim."

Secdeye varıp, secdede 70 defa şu tesbih okunur:

سُبُّوحٌ قُدُّوسٌ رَبُّنَا وَرَبُّ الْمَلٰٓئِكَةِ وَالرُّوحِ

"Sübbûhun kuddûsün rabbünâ ve rabbü'l-melâiketi verrûh". Secdeden kalkıp, oturarak şu duâ okunur:

رَبِّ اغْفِرْ وَارْحَمْ وَتَجَاوَزْ عَمَّا تَعْلَمُ اِنَّكَ اَنْتَ الْاَعَزُّ الْاَكْرَمُ

"Rabbiğfir verham ve tecâvez ammâ ta'lem. İnneke ente'l-eazzü'l-ekrem."

Tekrar secdeye varılıp yine 70 defa, "Sübbûhun kuddûsün rabbünâ ve rabbü'l-melâiketi verrûh" okunur.

Mİ'RÂC GECESİ

Receb ayının 27'nci gecesi yani 26'sını 27'sine bağlayan gece **Mi'râc Gecesi**'dir. Bu gecede yatsıdan sonra 12 rek'at Hâcet namazı kılınır. Her rek'atte Fâtiha'dan sonra 10 İhlâs-ı şerîf okunur ve iki rek'atte bir selâm vermek sûretiyle kılınır. Namazdan sonra:

- 4 Fâtiha-i şerîfe,
- 100 defa:

سُبْحَانَ اللّٰهِ وَالْحَمْدُ لِلّٰهِ وَلَٓا اِلٰهَ اِلَّا اللّٰهُ وَاللّٰهُ اَكْبَرُ
وَلَا حَوْلَ وَلَا قُوَّةَ اِلَّا بِاللّٰهِ الْعَلِيِّ الْعَظِيمِ ۞

"Sübhânellâhi ve'l-hamdü lillâhi ve lâ ilâhe illallâhü vallâhü ekber. Velâ havle velâ kuvvete illâ billâhil-aliyyi'l-azîm."

- 100 defa da: اَسْتَغْفِرُ اللّٰهَ الْعَظِيمَ وَاَتُوبُ اِلَيْكَ

"Estağfirullâhe'l-azîme ve etûbü ileyk."

- 100 defa salevât-ı şerîfe okunur.

Yukarıda tarif edilen namaz 12 rek'at yerine 100 rek'at da kılınabilir.

BERÂT GECESİ

Şâban ayının 15'inci gecesi, yani 14'ünü 15'ine bağlayan gece **Berât Gecesi**'dir. Bu gece yüz rek'at namaz kılan kimse o sene ölürse şehit olarak vefât eder.

Namaza şöyle niyet edilir: "Yâ Rabbi, niyet ettim rızâi şerîfin için namaza. Beni afv-ı ilâhîne, feyz-i ilâhîne mazhar eyle. Kasvet-i kalbden, dünya ve âhiret sıkıntılarından halâs eyleyip, saîdler defterine kaydeyle."

İki rek'atte bir selâm verilir. Her rek'atte bir Fâtiha, 10 İhlâs-ı Şerîf okunur. Böylece 100 rek'at kılınır.

Namazdan sonra okunacak olanlar:

- 14 defa: أَسْتَغْفِرُ اللّٰهَ الْعَظِيمَ وَأَتُوبُ إِلَيْكَ

"Estağfirullâhe'l-azîm ve etûbü ileyk,"

- 14 defa:

اَللّٰهُمَّ صَلِّ وَسَلِّمْ وَبَارِكْ عَلٰى سَيِّدِنَا مُحَمَّدٍ وَعَلٰى اٰلِ مُحَمَّدٍ

"Allâhümme salli ve sellim ve bârik alâ seyyidinâ Muhammedin ve alâ âli Muhammed."

- 14 Fâtiha-i şerîfe,
- 14 Âyetü'l-Kürsî,
- 14 Lekad câeküm,
- 14 kere "Yâsîn" dedikten sonra 1 Yâsîn-i şerîf*,
- 14 İhlâs-ı şerîf
- 14 Kul eûzü birabbi'l-felâk,
- 14 Kul eûzü birabbi'n-nâs,

- 14 defa “Sübhânellâhi ve’l-hamdü lillâhi ve lâ ilâhe illallâhü vallâhü ekber. Velâ havle velâ kuvvete illâ billâhil-aliyyi’l-azîm.”
- 14 defâ Salevât-ı Şerife (Salât-ı Münciye okumak efdaldir).

Bunlardan sonra duâ yapılır.

KADİR GECESİ

Kadir gecesinde 4 rek’at namaz kılınır. İki rek’atte bir selam verilir.

1’nci rek’atte: 1 Fâtiha, 3 İnnâ enzelnâhü,

2’nci rek’atte: 1 Fâtiha, 3 Kul hüvallâhü ehad...

3. ve 4. rek’atlar da aynen kılınır. Bu namaza şöyle niyet edilir: **“Yâ Rabbi! Bu gece hürmetine, Efendimiz hürmetine, rahmet-i ilâhiyen hürmetine, benim tevbelerimi kabul eyle. Afv-ı ilâhîne, feyz-i ilâhîne mazhar eylediğin zümreye ilhâk eyle.”**

Namazdan sonra, bir defa:

اَللّٰهُ اَكْبَرُ اَللّٰهُ اَكْبَرُ لَآ اِلٰهَ اِلَّا اللّٰهُ وَاللّٰهُ اَكْبَرُ اَللّٰهُ اَكْبَرُ وَلِلّٰهِ الْحَمْدُ

“Allâhü Ekber, Allâhü Ekber. Lâ ilâhe illallâhü vallâhü Ekber. Allâhü Ekber ve lillâhi’l-hamd.”

- 100 İnnâ enzelnâhü...
- 100 Elem neşrahleke...
- 100 defa:

اَللّٰهُمَّ اِنَّكَ عَفُوٌّ كَرِيمٌ تُحِبُّ الْعَفْوَ فَاعْفُ عَنِّي

“Allâhümme inneke afüvvün kerîmün tühıbbü’l-afve fâ’fü annî”

ORUÇ

Oruç, ibadet niyetiyle imsaktan güneş batıncaya kadar, yemekten, içmekten ve cinsî münâsebetten kendini men etmektir.

ORUCUN FARZLARI

1– Niyet etmek

2– Niyette orucun ilk ve son vaktini bilmek,

3– İkinci fecirden itibaren güneş batıncaya kadar, orucu bozan şeylerden kendini tutmaktır. Oruca başlama zamanına "**imsak**", orucu açmaya da "**iftâr**" denir.

ORUCUN KISIMLARI

Oruç altı kısımdır:

1– Farz,
2– Vâcip,
3– Sünnet,
4– Mendûp,
5– Nâfile,
6– Mekrûh.

Farz Oruç: Ramazan orucunun edâ ve kazâsı ve keffâret orucu.

Vâcip Oruç: Bozulan nâfile orucun kazâsı ve adak orucu.

Sünnet Oruç: Muharrem ayının 9'uncu günüyle beraber Âşûre günü yani 10'ncu günü tutulan oruçtur.

Mendûp Oruç: Her aydan tutulan 3 gün oruç. O üç günün "eyyâm-ı biyz" yani ayın 13, 14, 15'inci günleri olması da mendûptur.

Nâfile Oruç: Şu zikrettiğimiz oruçlardan başka mekrûh olmayan oruçlar nâfiledir.

Mekrûh Oruç: Yalnız âşûre gününde (dokuzuncu veya onbirinci günü ile beraber olmadan) tutulan oruçtur. Ramazan bayramının birinci, kurban bayramının 1, 2, 3 ve 4'üncü günleri oruç tutmak tahrîmen mekruhtur.

ORUÇ AYRICA İKİ KISIMDIR:

1– Geceden niyet icap eden oruçlar: Ramazanın kazâsı, nâfileden bozulan ve gününe gün tutulan oruç, keffâret oruçları, zamanı belli olmayan nezir oruçları. Bunlarda mutlaka geceden niyet şarttır.

2– Geceden niyet icap etmeyen oruçlar: Ramazan ayında tutulan oruç, zamanı muayyen olan nezir orucu ve nâfile oruçlar. Bunlara geceden niyet şart değildir. Gece niyet edilebildiği gibi, gündüzün kaba kuşluğa kadar da niyet edilebilir. Ramazan günlerinde ister mutlak oruca niyet edilsin, isterse nâfileye veya başka bir vâcibe niyet edilsin, oruç ramazan orucu olur.

ORUCU BOZUP DA SADECE KAZÂ İCABETTİREN ŞEYLER

1- Oruç hatırında iken boğazına birşey kaçmak,

2- Ağzına aldığı veya burnuna çektiği su boğazına kaçmak,

3- Niyetin vaktini geçirip öğleden sonra niyet etmek,

4- Unutarak yedikten sonra, orucu bozulmadığı halde herhangi birşeyi kasden yemek,

5- Ağzına giren kar veya yağmur suyunu yutmak,

6- İğne vurdurmak,

7- Burnuna ilaç çekmek,

8- Kulağına yağ akıtmak,

9- Fecr-i sâdık doğmadığı zannı ile sahur yemek,

10- Güneş battığı zannı ile iftâr etmek,

11- Kusmuğunu ağzından çıkarmayıp yutmak,

12- Zevcesinden veya sevdiğinden başkasının tükrüğünü yutmak,

13- Kendi tükrüğünü dışarı çıkarıp sonra yutmak,

14- Su veya yağ ile ıslanmış parmağını ayıp yerlerine sokmak,

15- Dişi kanayıp kanı, tükrüğünden fazla veya tükrüğü ile müsâvî olduğu halde yutmak,

16- Buhur yakıp, dumanını boğazına kaçırmak.

ORUCU BOZUP KAZÂ VE KEFFÂRET İCABETTİREN ŞEYLER

1- Bilerek yemek-içmek

2- Bilerek cinsî münâsebette bulunmak,

3- Bilerek sigara içmek,

4- Ermeni kili denilen toprağı veya çamurunu yahut yemeyi adet edindiği bir çamuru yemek,

5- Gıybet ettikten sonra (orucu bozuldu sanıp) bilerek orucu bozmak,

6- Hanımının veya sevdiği bir kimsenin tükrüğünü yutmak,

Yukarıda sayılanlardan birini yapan kimse bozduğu

orucu kazâ eder ve keffâret olarak da ara vermeden iki ay oruç tutar.

ORUÇLUYA MEKRUH OLAN ŞEYLER

1- Zarûretsiz bir şey tatmak,
2- Zarûretsiz bir şey çiğnemek,
3- Önceden çiğnenmiş ve tadı kalmamış bir sakızı çiğnemek,
4- Öpmek,
5- Kişinin eşiyle sarılması ve kucaklaşması,
6- Tükrüğünü ağzında biriktirip yutmak,
7- Kan aldırmak.

ORUCU BOZMAYAN ŞEYLER

1- Unutarak yemek, içmek ve cinsî münâsebette bulunmak,
2- Dokunmak ve oynaşmak veya öpmek ile değil de sırf bakmak veya düşünmekle meni gelmesi,
3- Uyurken ihtilâm olmak,
4- Meni gelmeksizin öpmek,
5- Delirmiş olarak sabahlamak,
6- Ağza gelen balgamı yutmak,
7- Burnuna inen akıntıyı yutmak,
8- Kulağına su kaçmak,
9- Dişleri arasında kalan nohuttan küçük bir şeyi yemek,
10- Elinde olmayarak (çok dahi olsa) kusmak,
11- Sürme çekmek,
12- Gıybet etmek,
13- Göze ilaç damlatmak.

SADAKA-İ FITIR

Ramazan ayında verilmesi vâcip olan bir sadakadır. nisâba mâlik olan her müslümana vâciptir.

Fıtır sadakasının vâcip olmasının şartları:

Müslüman olmak, hür olmak ve aslî ihtiyaçlarından fazla olarak nisâb miktarı mala sahip bulunmaktır. Zekâtta olduğu gibi bu malın nâmî (üreyici) olması ve üzerinden bir yıl geçmesi şart değildir. Zekâtın verildiği yerlere **sadaka-i fıtır** da verilebilir.

Vâcip olmasının vakti, ramazan bayramı günü tanyerinin ağarmasıyla, bayram namazından çıkma zamanına kadardır. Vaktinden evvel verilmesi de câizdir.

TERÂVİH NAMAZI

Terâvih namazı ramazan ayının sünnetidir.

Kadın ve erkeğe sünnet-i müekkede olup yirmi rek'attir. Cemaatle kılmak sünnettir. Tek başına da kılınabilir. Yatsı namazından sonra, vitir namazından evvel kılınır.

İki veya dört rek'atte bir selâm verilir. Her selâmdan sonra biraz oturmak sünnettir. Bu esnâda salevât-ı şerîfe, salât-ı ümmiye*, âyet veya duâlar okunur. Ayağa kalkarken "**Allâhümme salli alâ seyyidinâ Muhammedin ve alâ âli seyyidinâ Muhammed**" okunur.

İmam, terâvih kıldırırken arkasındaki cemâatin durumunu nazar-ı îtibâra alır; Şâfiî mezhebinden olanlar da varsa iki rek'atte bir selâm verir.

---

* "Allâhümme salli alâ seyyidinâ Muhammedini'n-Nebiyyi'l-ümmiyyi ve alâ âlihî ve sahbihî ve sellim."

ZEKÂT

Zekat; zekâta mahsus malı, husûsî şartlarıyla müstehak olana temlik ederek vermektir. Bu itibarla, zekât verecek kimse zekâta niyet ederek bir fakiri doyursa, temlik olmadığından zekâtını ödemiş sayılmaz.

Zekâtın farz olmasının şartı: Bâliğ (ergen), akıllı ve hür olan ve borcu bulunmayan müslümanın, aslî ihtiyâcından fazla olarak üzerinden bir yıl geçen nisab miktarı mala mâlik olmasıdır. Nisab miktarı malda, ayrıca nemâ (üreme, çoğalma) da şarttır. Altın ve gümüş, çoğalmasa da, nisab miktarı olunca zekâtları verilir.

Nisab: Zekâtın vâcip olması için dinin koyduğu bir ölçüdür ki, bu da kişinin borcundan hariç 20 miskâl (80.18 gram) altın veya bunun değerinde para ve ticaret malıdır.

Paranın her 40 liradan bir lirası zekât olarak verilecektir. Canlı hayvanların zekâtı nev'ine göre değişir. Koyunda; kırkta bir, devede; beş devede bir koyun, sığırda; otuzda bir danadır.

Madenler de zekâta tâbîdir.

ÖŞÜR

Öşür, arâzî mahsûllerinin zekâtıdır ve çıkan mahsûlden onda birini vermektir. Şâyet arazi para ile sulanıyorsa yirmide biri verilir. Arazi mahsulleri, buğday, arpa, pirinç, darı, karpuz, salatalık, patlıcan, yonca, zeytin, susam, bal, kudret helvası, şeker kamışı ve meyveler gibi mahsûllerdir. Türkiye'de araziler tapulu ve sahipli olduğu için Türkiye arazisi öşür arazisidir. Zirâatle uğraşan müslümanların yediklerinin helâl olabilmesi için bu öşür zekâtını mutlaka vermeleri lazımdır.

MASÂRIF-I ZEKÂT

Masârıf-ı zekât, zekâtın verilip sarfolunabileceği yerler demektir ki, sayısı sekizdir. Tevbe sûresinin 60. âyetinde açıklanmıştır.

ZEKÂTIN VERİLECEĞİ YERLER

1– (Nisâba sâhip olmayan) Fakirler,
2– (Hiç birşeyi bulunmayan) Miskinler,
3– Zekât toplama me'mûrları,
4– Müellefe-i kulûb ,
5– Kölelikten kurtulacak kimseler,
6– (Borcunun karşılığı malı olmayan) Borçlular,
7– (Fi sebîlillâh) Allâh yolunda,
8– (Harçlıksız) Yolda kalmışlar.

Zekât bu sekiz yerden herhangi birine verilebilir. Ancak verilmesi en fazîletli yer, hiçbir şeyi olmayan miskinler ve Allâh yoludur.

HAC

Hac, zilhicce ayında ihrâma girerek arefe günü Arafat'ta vakfe yapmak, sonra da Kâbe'yi tavâf etmekten ibârettir.

Şartlarını hâiz olan her Müslümana, ömründe bir defa haccetmek farzdır.

HACCIN FARZ OLMASININ ŞARTLARI

1– Müslüman olmak,

2– Ergenlik çağına ulaşmış olmak,

3– Akıllı olmak,

4– Hür olmak,

5– Aslî ihtiyaçlarına ve evine dönünceye kadar âile fertlerine yetecek, yol ve vasıta masraflarını karşılayacak kadar paraya sahip bulunmak.

6– İslam memleketi olmayan yerde Müslüman olan kişi, haccın farz olduğunu bilmek.

HACCIN EDÂSININ FARZ OLMA ŞARTLARI

1– Vücudun sıhhatte olması,

2– Yol emniyetinin bulunması,

3– Kadının, kocası veya mahreminin (oğlu, kardeşi, babası gibi, nikâhlanması câiz olmayan bir yakınının) yanında bulunması.

4– Kocası ölen veya boşanmış olan kadının iddetinin bitmiş olması,

5– Hapislik gibi bir engelin bulunmaması.

HACCIN SIHHATİNİN ŞARTLARI

1– İhrâm (Hac niyeti ile ihrâma girmek)

2– Zaman (Zilhicce ayı)

3- Mekân (Kâbe ve Arafat)

4- İslâm (Yâni Müslüman olmak)

Hac hakkında daha geniş bilgiye sâhip olmak isteyenler "HAC ve UMRE REHBERİ" isimli eserimize mürâcaat edebilirler.

KURBAN

Kurban, Allâhü Teâlâ'ya yakınlık için, ibadet niyetiyle kurban bayramı günlerinde, kurbana müsait bir hayvanı kesmektir.

Kendisine fıtır sadakası vâcip olan kimselere kurban da vâciptir. Yani nisâba mâlik olan hür, mukîm, her Müslümana vâciptir.

Kurban, kesenin kendi nefsine bedel olarak kesilir. Allâh rızâsı için hâlisâne bir niyetle kesilen kurbanın akan ilk kanı ile birlikte kurban kesen mü'minin günahlarının bağışlanacağı beyan olunmuştur.

KURBANIN KESİLME VAKTİ, ŞEKLİ VE NİYET

Kurbanın kesilecek vakti, Kurban Bayramı'nın birinci, ikinci ve üçüncü günüdür. Ancak, günlerin tespitindeki hesap hataları göz önünde bulundurulmalı ve imkân nisbetinde üçüncü güne bırakmamaya gayret etmelidir. Zaten efdal olan da birinci günü kesmektir.

KURBANI KESME ŞEKLİ

1- Kurbanlık hayvan incitilmeden kıbleye karşı yatırılır.

2- Ayakta iken duâsı okunur.

3- Üç defa "Allâhü Ekber, Allâhü Ekber. Lâ ilâhe illallâhü vallâhü Ekber. Allâhü Ekber ve lillâhi'l-hamd." diye tekbir alınır ve şöyle niyet edilir:

– "Yâ Rabbi! Şu vücudum sana karşı o kadar hata, o kadar isyan etti ki, affedilebilmem için bu vücudu sana kurban etmem icabediyor. Fakat sen şerîatınla insan kurban etmeyi haram kıldığından vücuduma bedel olarak bu hayvanı kesiyorum, kabul eyle Yâ Rabbi, Bismillâhi Allâhü ekber." deyip kurban kesilir.

Evlâ olan, kişinin kurbanını kendisi kesmesidir. Ancak, kesmek elinden gelmeyenin, Müslüman birini vekil edip yanında durması efdaldir.

Kurbanın eti üçe taksim edilir. Bir parçası kendi âilesine nafaka, ikinci parçası dost ve ahbâba ziyafet, üçüncü parçası da fakirlere sadaka olarak verilir.

AKİKA KURBANI

Yeni doğan çocuk için Cenâb-ı Hakk'a şükür olarak kesilen kurbana '**Akika kurbanı**' denir. Akîka kurbanı kesmek mubahtır. Doğduğu günden itibâren her zaman kesilebilir. Yedinci günü kesmek daha faziletlidir.

Doğumun yedinci günü çocuğun saçları tıraş edilir ve saçların ağırlığınca altın veya gümüş sadaka verilip kurbanı kesilir. Erkek ve kız çocuğu için birer kurban kesilir. Erkek çocuk için iki kurban kesilmesine kâil olanlar da vardır. Kurbana elverişli olan her hayvan akîkaya da elverir.

Akîka kurbanın kemikleri, çocuğun sağlık ve selâmetine bir hayır dileği olsun diye kırılmayıp ek yerlerinden ayrılabilir veya çocuğun mütevazı olmasına ve kötü huylardan korunmasına bir temennî olsun diye kırıladabilir. İkisi de müstehâp görülmüştür.

Akîka kurbanının etinden sahibi yiyebilir, başkalarına da yedirebilir ve etin bir kısmını, tamamını veya kurbanın kendisini bağışlayabilir.

GÜNAH NEDİR VE BAŞLICA GÜNAHLAR

Günah: Allâh'ın haram kıldığı herhangi bir şeyi yapmaktır.

GÜNAHLAR İKİ KISIMDIR:

1– Büyük günahlar,
2– Küçük günahlar.

BAŞLICA BÜYÜK GÜNAHLAR:

1– Allâh'a şirk (ortak) koşmak,
2– Haksız yere insan öldürmek,
3– Namuslu kadına iftira etmek,
4– Zinâ etmek,
5– Harpden kaçmak,
6– Sihir yapmak,
7– Yetim malı yemek,
8– Müslüman ana babaya âsî olmak,
9– Harem-i şerîfte günah işlemek,
10– Fâiz yemek,
11– Hırsızlık yapmak,
12– İçki içmek.

İlk dokuz günah Hz. İbn-i Ömer'in (r.a.) rivâyetidir. Hz. Ebû Hureyre (r.a.) **faiz yemek,** Hz. Ali (k.v.) **hırsızlık yapmak ve içki içmek** de büyük günah, demişlerdir. (Şerh-i Akâid)

Her ne kadar sayı itibariyle büyük günahlar 12 ise de, ictihâden bu günahlardan biri kadar çirkin olan herhangi bir günah da büyük günahtır. Ayrıca devamlı yapılan küçük günahlar da büyük günah olur.

GÜNAH HASTALIĞINDAN KURTULMANIN İLÂCI: TEVBE VE İSTİĞFAR

Maddi kirleri sabun ve su giderdiği gibi kalbi karartan, insanı cehennemlik yapan, manevi hastalık ve kirleri de tevbe, istiğfar ve Allâh'tan korkarak gözlerden akıtılan nedâmet yaşları giderir.

Doğuştan, insan gayet temiz ve güzel yaratılmıştır. Peygamber Efendimiz, insan kalbinin fıtraten ayna gibi beyaz yaratılmış olduğunu beyan buyuruyor. **İnsan, bu kalbi karartır, içine şüphe, vesvese, fitne, fesat, kin, intikam ve hased gibi zulmânî hisler doldurursa o insan korkunç bir hastalığa tutulmuştur.** Bu hastalıktan kurtulamazsa Allâh korusun gideceği yer cehennemdir. Bu hastalıktan kurtulmanın çaresi de tevbe ve istiğfâr etmek, ayrıca kalbinden kötü niyet ve hisleri atarak, pişmanlık gözyaşları dökmektir.

İnsan günah kirlerinden temizlenmek için tevbe ve istiğfâra devam etmelidir. Bilhassa gece yarılarında ve seher vakitlerinde namaz kılarak ve salevât-ı şerîfe ve dualar okuyarak Cenâb-ı Hak'tan af ve mağfiret dilemelidir.

ÜMİTSİZLİK DOĞRU DEĞİLDİR

Emin de, yeis de küfürdür. Yani, "Ben şu kadar hayırlar yaptım; artık Cennet'i kazandım" gibi inanç ve düşünce içinde olarak kendisini Allâh'ın gazabından emin kabul etmek veya: "Ben bu kadar günahlar işledim. Cehennemi boyladım. Bana kurtuluş yoktur" gibi bir yeis (ümitsizlik) içinde bulunmak da küfürdür. Peygamberimiz: **"Mü'min, korku ile ümit arasında olmalıdır"** buyuruyor. Mü'min, Cenâb-ı Hakk'ın rahmetinden dolayı ümit mevkiinde, kendi noksanından dolayı da korku mevkiinde olacak. Öyle ki, **Cennet'e bir kişi girecek deseler, "Acaba ben miyim?** "diye ümitlenecek, **Cehennem'e bir kişi atılacak deseler, "Acaba ben miyim?"** diye korkacaktır.

Bir hadîs-i kudsîde Cenâb-ı Hak: "Kulum bana bir karış gelirse ben ona bir kulaç varırım, kulum bana yürüyerek gelirse, ben ona koşarak varırım" buyuruyor. Bu hadîs, Cenâb-ı Hakk'ın kendisinden af ve hidayet isteyen kuluna af ve hidayeti lütfetmekteki acelesinin ifâdesidir.

TEVBENİN KABUL OLMASININ ŞARTLARI

1– İnsan, işlediği günâhın zararını bilmelidir. Çünkü günah insanı dünya ve âhiret saâdetinden uzaklaştırır.

2– İnsan, işlediği günahlardan kalben elem ve pişmanlık duymalıdır.

3– Bir daha günah yapmamaya kararlı olmalıdır. Bir günah işleyince hemen akabinde iyilik yapmalı, namaz kılıp istiğfâr etmelidir. **En büyük istiğfâr tesbih namazıdır.**

Ayrıca hakkına tecavüz ettiği kimselerle helâllaşmalıdır. Kalb gafil ve günah yapmaya istekli olduğu halde sırf dil ile yapılan tevbe ve istiğfâr faydasızdır.

BÜYÜK İSTİĞFAR

سُبْحَانَ اللّٰهِ وَبِحَمْدِهِ سُبْحَانَ اللّٰهِ الْعَظِيمِ أَسْتَغْفِرُ اللّٰهَ
الْعَظِيمَ وَأَتُوبُ إِلَيْكَ

"Sübhânallâhi ve bihamdihî sübhânallâhi'l-azîm, estağfirullâh'el-azîme ve etûbü ileyk."

Bilhassa kendisinden büyük günah sâdır olmuş kimseler şu duâya çokça devam etmelidir:

اَللّٰهُمَّ مَغْفِرَتُكَ اَوْسَعُ مِنْ ذُنُوبِي وَرَحْمَتُكَ اَرْجٰى عِنْدِي مِنْ عَمَلِي.

"Allâhümme mağfiratüke evseu min zünûbî ve rahmetüke ercâ indî min amelî."

İnsanda bütün günahların ve kötü ahlâkların baş sebebi "nefs-i emmâre"dir. Peygamberimiz nefisle alakalı **"Senin en büyük düşmanın iki kaşının arasındaki nefsindir"** buyurmuşlardır. Mehmed Şemseddîn Nûrî Hazretlerinin Miftâhu'l-Kulûb isimli kitabından nefsin ne olduğunu kısaca öğrenelim:

NEFS-İ EMMÂRE

"İnsanda iki ruh vardır: Birine rûh-i hayvânî denir ki, bu Cenâb-ı Hakk'ın celal sıfâtının tecellîsi ile yaratılmıştır. Birine de rûh-i sultânî denir. O da Cenâb-ı Hakk'ın cemâl sıfatının tecellîsi ile yaratılmıştır. Beden ülkesinde bu iki padişahın birer veziri ile birer şeyhulislâmları vardır ki, vücût iklimini onlarla idare ederler. Rûh-i hayvânînin veziri akl-ı maâş ve mercii (danışmanı), Şeytan'dır. O, Şeytanlarla istişâre eder. Rûh-i sultânînin de veziri akl-ı maâd ve şeyhulislâmı melektir. O da onlarla istişâre eder. Rûh-i hayvânînin zevki, yiyip içmek, giyip kuşanmaktır. Yani zahirde insana lezzet verecek ne varsa onların hepsinden safâ ve kuvvet bulup, rûh-i sultânîye galip gelir. Rûh-i sultânînin zevki, zikir, fikir, ibadet ve Allâh'ın emirlerine itaat ve yasaklarından kaçınmaktır. Rûh-i sultânî, işte bunları yapmakla rûh-i hayvânîye galip gelir.

Yukarıda anlatıldığı gibi, bunlar vücutta hükmederler. Birinin sıfatı diğerinin sıfatına zıt olduğu için daima birbirleriyle muharebe ve mücadele ederler. Rûh-i hayvânînin aslı **"emmâre bi's-sû'"** dur. Yâni mübalağa ve şiddetle kötülüğü emredicidir. Ona **"nefis"** ismi verilir. İşte bu sıfat Cenâb-ı Hakk'ın celâl sıfatının mazharıdır ki, daima hakkın rızâsına muhalif şeylerden lezzet ve kuvvet bulur.

Rûh-i sultânînin aslı **sıfat-ı sâfiye**dir. Ona sıfat-ı insan ismi verilir. (İnsan bu sıfata sahip olduğu zaman kâmil insan olur.) Bu sıfat Cenâb-ı Hakk'ın cemâl sıfatının mazharıdır ki, daima Cenâb-ı Hakk'ın rızâsındadır ve ondan bir adım ayrılmak istemez. Bu sebeple, bu iki sıfat birbirine tamamen zıt olup, vücut ülkesinde muharebe ederler.

Mesela, bir vücutta rûh-i sultânî rûh-i hayvânîye galip olmayıp, rûh-i hayvânî kendi haline bırakılırsa, sıfatı emmârelikte kalır. Zamanla rûh-i hayvânî rûh-i sultânîye galip olur ki, o kimse hayvan gibidir. Belki daha alçak olup "hasireddünyâ vel-âhireh" (Dünya ve âhireti hüsranda) kalır. Amma, rûh-i sultânî, rûh-i hayvânîyi kendi haline bırakmayıp, her an mücahede ve muharebe ederse, o zaman rûh-i hayvânîyi ister istemez kendine bağlar. Her emrine itaat ettirerek ilâhî emri yerine getirmiş olur. İşte bu kimselerin kurtuluşa ereceği umulur. Fakat yine de düşmesinden korkulur. Çünkü nefsin hilesi çoktur."

CİHÂD

Cihâd, sırf Allâhü Teâlâ'nın dinini yaymak için yapılan gayretlerdir. Müslümanlar her gün yerine getirmekle mükellef bulundukları ibadet vazifelerinin yanında ayrıca cihâdla da memurdurlar.

Bid'at ve bâtıllarla mücadele etmek, imanı ve ahlâkı kemiren şer cereyanların ortadan kaldırılması için malı, canı ve bütün varlığı ile çalışmak her müslüman için başlıca vazifedir.

Cihâd, îlâ-i kelimetillâh için yapılır. Yani kelime-i tevhidin nûrunu yaymak, bu nurla müşerref olanların imanını küfürden korumak, bu nurla müşerref olmayanlara da bu nûru aşılamak için yapılır. Hak ile bâtıl çeşitli şekil ve surette daimi mücadele halinde olduklarından cihâd da her yerde, her zaman kıyamete kadar vardır. Bu mücadelede her müslüman hakkın ve haklının yanında yerini almakla hakkın zaferi, küfrün de mağlûp edilmesi için bütün gücü ile uğraşmak ve çalışmakla vazifelidir.

Cihâdın bu şekli zâhirî olanıdır. Bir de bâtınî cihâd vardır ki, bu da insanın kendi vücudundaki nefse karşı yaptığı cihâddır. Bu ise cihâdların en büyüğüdür.

Peygamber Efendimizin cihâdın ehemmiyetini bildiren mübarek hadislerinden bazılarının meâlleri:

"Bir kimse Allâh yolunda cihâd etmeyerek ve gönlünden cihâd etmeyi geçirmeyerek ölürse bir nevi nifak üzere ölür." Neûzübillâh.

"Cihâd, kadın ve erkek her müslümana farzdır."

MÜSLÜMANLARIN CEMİYET İÇİNDEKİ VAZİFELERİ

1– KOMŞU HAKKINA RİAYET

Aile ve akrabalarımızdan sonra bize en yakın olan komşularımızdır. Komşu hakkını son derece gözetmek; elimizle, dilimizle ve diğer hareketlerimizle onları katiyyen rahatsız etmemek gerekir. Çünkü Peygamber Efendimiz: **"Bana Cebrâil komşu hakkı husûsunda o kadar çok tavsiyelerde bulundu ki, nerede ise komşuyu komşunun malına vâris kılacak sandım"** buyurmuşlardır.

2– MÜSAFİRE KARŞI VAZİFELERİMİZ

Peygamber Efendimiz "Her kim ki Allâh'a ve âhiret gününe iman ederse müsafire ikrâm etsin" buyuruyorlar. Müsafir, geldiği yerde yokluk ve darlığa sebep olmayıp, bil'akis bereket ve bolluk vesilesi olacağını "Müsafir geldiği eve on nasibi ile gelir. Birini yer, dokuzu orada kalır" buyuruyorlar. Evleri ve imkânları müsait olan müslümanların, İslâmî hususlara riayet ederek, müsafire ikrâmda bulunmaları çok mühim vazifelerdendir.

3– DİĞER İCTİMÂÎ VAZİFELERİMİZ

a) Başkalarının haklarını tanımak ve hiç kimseye zarar vermemek, namus ve müllk haklarına riayet etmek,

b) İyilik yapmak, kimseye haset etmemek,

c) Başkaları ile istihzâ ve alay etmemek,

d) Başkalarının ayıplarını ortaya çıkarmamak.

BAZI DUÂLAR

Sabahleyin evden çıkarken okunur:

بِسْمِ اللّٰهِ تَوَكَّلْتُ عَلَى اللّٰهِ لَا حَوْلَ وَلَا قُوَّةَ اِلَّا بِاللّٰهِ الْعَلِيِّ الْعَظِيمِ

“Bismillâhi tevekkeltü alellâh lâ havle velâ kuvvete illâ billâhil-aliyyil-azîm.”

Sabahları, bilhassa çarşı ve pazarda okunur:

لَا اِلٰهَ اِلَّا اللّٰهُ وَحْدَهُ لَا شَرِيكَ لَهُ لَهُ الْمُلْكُ وَلَهُ الْحَمْدُ يُحْيِي
وَيُمِيتُ وَهُوَ حَيٌّ لَا يَمُوتُ بِيَدِهِ الْخَيْرُ وَهُوَ عَلَى كُلِّ شَيْءٍ قَدِيرٌ

Lā ilâhe illallâhü vahdehû lâ şerîke leh. Lehü’l-mülkü ve lehü’l-hamdü yuhyî ve yümîtü ve hüve hayyün lâ yemûtü biyedihi’l-h̲ayru ve hüve alâ külli şey’in kadîr.

Mânâsı:

Allâh’dan başka hiçbir ilâh yoktur. Ancak tek o vardır. Onun ortağı yoktur. Öldürür ve diriltir. O diridir, ölmez. Hayır, onun yed-i kudretindedir. O, her şeye kâdirdir.

Bu duâ her sabah 11 defa okunur. Çarşıya çıkarken, yollarda, sokaklarda her yerde okunur. Peygamber Efendimiz: **“Bunu okuyana Cenâb-ı Hak bir milyon hasene verir, bir milyon günahını siler, derecesini de bir milyon yükseltir”** buyurmuşlardır. Okuyan mü’minin imanı tazelenmiş olur. Bu dua Resûlullâh’ın şefâatine en büyük vesiledir.

VASITALARA BİNERKEN OKUNACAK DUÂ

بِسْمِ اللّٰهِ مَجْرٰيهَا وَمُرْسٰيهَا اِنَّ رَبِّي لَغَفُورٌ رَحِيمٌ

Bismillâhi mecrâhâ ve mürsehâ inne rabbî legafûrun rahîm.

سُبْحَانَ اللّٰهِ مِلْءَ الْمِيزَانِ وَمُنْتَهَى الْعِلْمِ وَمَبْلَغَ الرِّضٰى وَزِنَةَ الْعَرْشِ

Sübhânellâhi mil'el-mîzâni ve müntehe'l-ılmi ve mebleğarrizâ vezinetel-arş.

Mânâsı:

Allâh'ı mîzânın dolusunca, ilmin nihayetince, rızası büyüklüğünce ve Arş'ın ağırlığınca tesbih ederim.

Bu dua sabah ve akşam üç defa okunur. Ömrün uzun ve mes'ud olmasına, imanla ölmeye, kabir azabından kurtulmaya, sırat köprüsünden geçmeye ve cennete vasıl olmaya vesile olur.

HELÂYA GİRERKEN OKUNACAK DUÂ

اَعُوذُ بِاللّٰهِ مِنَ الْخُبْثِ وَالْخَبَٓائِثِ

Eûzü billâhi minel-hubsi vel-habâis

HELÂDAN ÇIKINCA OKUNACAK DUÂ

اَلْحَمْدُ لِلّٰهِ الَّذِى اَذْهَبَ عَنِّى الْاَذٰى وَعَافَانِى مِنْ ذٰلِكَ

Elhamdü lillâhillezî ezhebe annel-ezâ ve âfânî min zâlik.

Mânâsı:

Hamd olsun O Allâh'a ki, benden ezâyı giderdi ve ondan beni kurtardı.

Helâdan çıkınca bu duâyı okumaya devam edenler idrâr ve abdest yollarında hastalık görmezler.

Helâ ve hamama sol ayakla girilir, sağ ayakla çıkılır. Eve ve camiye ise sağ ayakla girilir, sol ayakla çıkılır.

KORKULU BİR RÜYÂ GÖRÜNCE YAPILACAK DUÂ

Korkulu bir rüyâ gören kimse, rüyânın kötüye çıkmaması için "**Hüvellâhüllezî...**" âyetinden başlayıp Haşir Sûresi'nin sonuna kadar okur ve bir Fâtiha, onbir ihlâs-ı şerîf okuyup Peygamberimizin rûhuna hediye ederek,

"**Yâ Rabbi, eğer gördüğüm şu rüyâ hayır ise hayrında dâim, şerse hayra tebdîl eyle. Hayır ise bize, şer ise düşmanlarımıza olsun**" diye duâ eder.

Hayırlı bir rüyânın da çabuk çıkması için, yine bir Fâtiha, onbir İhlâs-ı şerîf okunup, Resûlullah Efendimiz'e hediye edilmelidir.

ZENGİN OLMAK İÇİN

Biiznillah, zengin olmak için şu duâyı üçer defa sabah akşam okumalıdır:

يَا حَمِيدَ الْفِعَالِ ذَا الْمَنِّ عَلَى جَمِيعِ خَلْقِهِ بِلُطْفِهِ

Yâ Hamîde'l-fiâli zelmenni alâ cemîı halkıhî bilutfihî

Mânâsı:

Ey bütün yaptıkları övülmeye layık olan ve lütfu ile bütün mahlûkâtına ihsan sâhibi olan (Allâh'ım).

UYUMADAN ÖNCE OKUNACAK DUÂ

اَللّٰهُمَّ بِسْمِكَ اَمُوتُ وَاَحْيٰى

Allâhümme bismike emûtü ve ahyâ.

Mânâsı:

Allâh'ım; isminle ölür, isminle dirilirim.

UYANINCA OKUNACAK DUÂ

اَلْحَمْدُ لِلّٰهِ الَّذٖى اَحْيَانَا بَعْدَ مَا اَمَاتَنَا وَاِلَيْهِ الْبَعْثُ وَالنُّشُورُ

Elhamdü lillâhillezî ahyânâ ba'de mâ emâtenâ ve ileyhil-ba'sü vennüşûr.

Mânâsı:

Hamd olsun o Allâh'a ki, öldükten sonra bizi diriltti. Öldükten sonra dirilip haşrolmak (toplanmak) onadır.

DEVAMINDA BÜYÜK FAYDA OLAN DUÂLAR

اَللّٰهُمَّ اَرِنَا الْحَقَّ حَقًّا وَارْزُقْنَا الْاِتِّبَاعَ اِلَيْهِ وَاَرِنَا الْبَاطِلَ بَاطِلًا
وَارْزُقْنَا الْاِجْتِنَابَ عَنْهُ .

Allâhümme erine'l-hakka hakkan verzukne'l-ittibâa ileyh. Ve erinel-bâtıle bâtılen verzukne'l-ictinâbe anhü.

Mânâsı:

Ey benim Allâh'ım, bize hakkı hak olarak göster ve bizi hakka tâbi kıl; ve bâtılı bâtıl olarak göster ve ondan ictinâb ettir, uzaklaştır.

اَللّٰهُمَّ يَا مُقَلِّبَ الْقُلُوبِ ثَبِّتْ قَلْبِى عَلٰى دِينِكَ وَطَاعَتِكَ الْاِسْلَامِ .

Allâhümme yâ mukallibe'l-kulûb, sebbit kalbî alâ dînike ve tâatike'l-İslâm.

Mânâsı:

Ey kalbleri döndüren (kalblere hükmeden) Allâh'ım; benim kalbimi dînin ve İslâmî itâatın üzerine sabit kıl.

BELAYA UĞRAMIŞ BİR KİMSEYİ GÖRÜNCE OKUNUR

اَلْحَمْدُ لِلّٰهِ الَّذِى عَافَانِى مِمَّا ابْتَلَاكَ بِهِ وَفَضَّلَنِى عَلٰى كَثِيرٍ مِمَّنْ خَلَقَ تَفْضِيلًا .

Elhamdü lillâhillezî âfânî mimmebtelâke bihî ve faddalenî alâ kesîrin mimmen haleka tafdîlâ.

Mânâsı:

Hamd olsun o Allâh'a ki, senin mübtelâ olduğun şeyden bana afiyet verdi ve beni yarattığı bir çoklarından üstün kıldı.

Bu duâ belaya uğramış bir kimse görülünce, o belanın kendisine de isâbet etmemesi için okunur.

İnsan katiyyen başkasına gülüp, onu ayıplamamalı. Zira güldüğü şey kendi başına da gelebilir.

SABAH NAMAZININ SÜNNETİ İLE FARZI ARASINDA OKUNACAK DUÂ

يَا حَيُّ يَا قَيُّومُ يَا ذَا الْجَلَالِ وَالْإِكْرَامِ أَسْأَلُكَ أَنْ تُحْيِيَ قَلْبِي
بِنُورِ مَعْرِفَتِكَ أَبَدًا يَا اللّٰهُ يَا اللّٰهُ يَا اللّٰهُ يَا بَدِيعَ السَّمٰوَاتِ وَالْأَرْضِ

Yâ hayyü yâ kayyûmü yâ z̲elcelâli ve'l-ikrâm. Es'elüke en tuhyiye kalbî binûri ma'rifetike ebeden yâ Allâhü, yâ Allâhü, yâ Allâhü, yâ bedîa's-semâvâti ve'l-ard.

Mânâsı:

Ey Hay ve Kayyûm olan (Allâh'ım); Ey celâl ve ikrâm sahibi olan (Allâh'ım)! Ey gökleri ve yeri eşi ve benzeri olmayan bir mükemmellikte yaratan (Allâh'ım)! Yâ Allâh yâ Allâh, yâ Allâh'ım! Kalbimi mârifet nûrunla ebediyyen ihyâ etmeni isterim.

Bu duâyı sabah namazının sünneti ile farzı arasında en az üç defa okumaya devam eden kimseye son nefesinde imanla gitmek nasip olur.

SABAH ERKEN KALKMAK

Bütün rızıklar, sabah fecir vaktinde taksim olduğu için, bu vakti uykuda geçirenler rızıklarını tam alamazlar. Evdeki ufak, büyük herkesin kaldırılması yerinde olur. **Güneş doğduktan sonra** isterlerse tekrar uyurlar.

Duâları mümkün olursa üçer defa okumalıdır. Zira üçer defa okumak duânın kabulüne sebep olur.

SALEVÂT-I ŞERÎFELER

SALÂT-I MÜNCİYE

اَللّٰهُمَّ صَلِّ عَلٰى سَيِّدِنَا مُحَمَّدٍ وَعَلٰى اٰلِ سَيِّدِنَا مُحَمَّدٍ صَلَاةً تُنْجِينَا
بِهَا مِنْ جَمِيعِ الْاَهْوَالِ وَالْاٰفَاتِ وَتَقْضِى لَنَا بِهَا جَمِيعَ الْحَاجَاتِ
وَتُطَهِّرُنَا بِهَا مِنْ جَمِيعِ السَّيِّئَاتِ وَتَرْفَعُنَا بِهَا عِنْدَكَ اَعْلَى الدَّرَجَاتِ
وَتُبَلِّغُنَا بِهَا اَقْصَى الْغَايَاتِ مِنْ جَمِيعِ الْخَيْرَاتِ فِى الْحَيَاتِ وَبَعْدَ
الْمَمَاتِ. اِنَّكَ عَلٰى كُلِّ شَيْءٍ قَدِيرٌ .

Allâhümme salli alâ seyyidinâ Muhammedin ve alâ âli seyyidinâ Muhammedin salâten tüncînâ bihâ min cemî'ıl-ehvâli ve'l-âfât. Ve tak**dî** lenâ bihâ cemî'al-hâcât ve tü**ta**hhirunâ bihâ min cemî'ıs-seyyi'ât ve terfeunâ bihâ ındeke a'led-derecât ve tübelliğunâ bihâ aksa'l-**gâ**yât. Min cemî'ıl-hayrâti fi'l-hayâti ve ba'del-memât. İnneke alâ külli şey'in kadîr.

Mânâsı:

Allâh'ım, Efendimiz Muhammed'e ve ehl-i beytine bizi bütün korku ve âfetlerden kurtaracağın, bütün ihtiyaçlarımızı göndereceğin, bütün günahlarımızdan temizleyeceğin, nezdindeki derecelerin en yücesine yükselteceğin, hayatta ve ölümden sonra bütün hayırların nihayetine ulaştıracağın şekilde rahmet eyle. Muhakkak sen her şeye kâdirsin.

SALÂT-I FETHİYYE

اَللّٰهُمَّ صَلِّ وَسَلِّمْ وَبَارِكْ عَلٰى سَيِّدِنَا مُحَمَّدٍ اِلْفَاتِحِ لِمَا اُغْلِقَ
وَالْخَاتِمِ لِمَا سَبَقَ نَاصِرِ الْحَقِّ بِالْحَقِّ وَالْهَادِى اِلٰى صِرَاطِكَ الْمُسْتَقِيمِ
وَعَلٰى اٰلِهِ حَقَّ قَدْرِهِ وَمِقْدَارِهِ الْعَظِيمِ .

Allâhümme salli ve sellim ve bârik alâ seyyidinâ Muhammedini'l-fâtihı limâ uğlika ve'l-hâtimi limâ sebeka nâsıri'l-hakkı bi'l-hakkı ve'l-hâdî ilâ sırâtıke'l-müstakîm ve alâ âlihî hakka kadrihî ve mikdârihi'l-azîm.

Mânâsı:

Allâh'ım; kilitlenmişlerin açıcısı, öncekilerin sonuncusu, Hakka hak ile yardımcı, doğru yoluna hidâyet eden Efendimiz Muhammed'e ve onun ehl-i beytine onun kadrince ve azîm mikdarınca salât ve selâm eyle ve mübârek kıl.

SALÂT-I NÂRİYE

اَللّٰهُمَّ صَلِّ صَلَاةً كَامِلَةً وَسَلِّمْ سَلَامًا تَامًّا عَلٰى سَيِّدِنَا مُحَمَّدِ
نِالَّذِى تَنْحَلُّ بِهِ الْعُقَدُ وَتَنْفَرِجُ بِهِ الْكُرَبُ وَتُقْضٰى بِهِ الْحَوَائِجُ
وَتُنَالُ بِهِ الرَّغَائِبُ وَحُسْنُ الْخَوَاتِمِ وَيُسْتَسْقَى
الْغَمَامُ بِوَجْهِهِ الْكَرِيمِ وَعَلٰى اٰلِهِ وَصَحْبِهِ فِى كُلِّ لَمْحَةٍ وَنَفَسٍ
بِعَدَدِ كُلِّ مَعْلُومٍ لَكَ

Allâhümme salli salâten kâmileten ve sellim selâmen tâmmen alâ seyyidinâ Muhammedini'l-lezî tenhallü bi-hil'-ukadü ve tenfericü bihi'l-kürabü ve tu**kdâ** bihi'l-havâicü ve tünâlü bihi'r-rağâibü ve husnü'l-havâtimi ve husnü'l-havâtimi ve yüsteska'l-ğamâmü bivechihi'l-kerîmi ve alâ âlihî ve sahbihî fî külli lemhatin ve nefesin bi-adedi külli ma'lûmin lek.

Mânâsı:

Allâh'ım, kendisi hürmetine düğümler çözülen, gamlar-kederler açılan, ihtiyaçlar giderilen, isteklere, hüsn-ü hâtimelere (güzel âkıbetlere) nâil olunan, kerem (cömertlik) sâhibi yüzü-suyu hürmetine bulutların sulandığı, Efendimiz Muhammed Mustafâ (s.a.v) ve onun âli ve ashâbına; her bakış ve her nefeste ve zâtınca malum olanların sayısınca, kâmil bir rahmet ve tam bir selamet ihsan eyle.

Her gün Peygamber Efendimize çokça salavât okumalıdır. Bilhâssa salât-ı münciye, salât-ı nâriye ve salât-ı fethiyye'ye devam edilmelidir. Herhangi bir sıkıntı anında bunların hatmi yapılarak duâ edilirse, Cenâb-ı Hak dilekleri kabul eder. Salât-ı Münciye'nin hatmi 1.000, Salât-ı Nâriye'nin hatmi ise 4.444 defâ okumaktır.

HATİM DUÂSI

اَلْحَمْدُ لِلّٰهِ رَبِّ الْعَالَمِينَ ۝ وَالصَّلٰوةُ وَالسَّلَامُ عَلٰى سَيِّدِنَا
مُحَمَّدٍ وَعَلٰى اٰلِهِ وَصَحْبِهِ اَجْمَعِينَ وَاعْفُ عَنَّا وَاغْفِرْ لَنَا وَارْحَمْنَا اَنْتَ
مَوْلٰينَا فَانْصُرْنَا عَلَى الْقَوْمِ الْكَافِرِينَ وَاعْفُ عَنَّا وَاغْفِرْ لَنَا وَارْحَمْنَا
اَنْتَ مَوْلٰينَا فَانْصُرْنَا عَلَى الْقَوْمِ الْكَافِرِينَ ۝ وَاعْفُ عَنَّا وَاغْفِرْ لَنَا
وَارْحَمْنَا اَنْتَ مَوْلٰينَا وَاَنْتَ اَكْرَمُ الْاَكْرَمِينَ ۝ اَللّٰهُمَّ اجْعَلْ
هٰذَا الْخَتْمَ الشَّرِيفَ وَالْفَاتِحَةَ الشَّرِيفَةَ وَالْاِخْلَاصَ الشَّرِيفَ
اَوَّلًا هَدِيَّةً وَاصِلَةً اِلٰى رُوحِ نَبِيِّ الرَّحْمَةِ رَسُولِ الثَّقَلَيْنِ
اِمَامِ الْحَرَمَيْنِ مُحَمَّدٍ الْمُصْطَفٰى صَلَّى اللّٰهُ عَلَيْهِ وَسَلَّمَ وَاِلٰى اَرْوَاحِ
اَهْلِ بَيْتِهِ وَاٰلِهِ وَاَصْحَابِهِ رِضْوَانُ اللّٰهِ تَعَالٰى عَلَيْهِمْ اَجْمَعِينَ
وَاِلٰى اَرْوَاحِ جَمِيعِ الْاَنْبِيَاءِ وَالْمُرْسَلِينَ صَلَوَاتُ اللّٰهِ وَسَلَامُهُ
عَلَيْهِمْ اَجْمَعِينَ وَاِلٰى اَرْوَاحِ جَمِيعِ سِلْسِلَةِ سَادَاتِنَا الْكِرَامِ قَدَّسَ
اللّٰهُ اَسْرَارَهُمْ اَجْمَعِينَ ۝ اَللّٰهُمَّ اجْعَلْ هٰذَا جُزْءًا مِنْ جُزْءِ
صَدَقَاتِ النَّبِيِّ صَلَّى اللّٰهُ عَلَيْهِ وَسَلَّمَ جُزْءًا مِنْ جُزْءِ هَدِيَّاتِ
سِلْسِلَةِ سَادَاتِنَا الْكِرَامِ اِلٰى اَرْوَاحِنَا اِلٰى اَرْوَاحِ اٰبَائِنَا وَاُمَّهَاتِنَا
وَاَقْرِبَائِنَا وَتَعَلُّقَاتِنَا وَلِجَمِيعِ مَنْ لَهُمْ حَقٌّ عَلَيْنَا خَاصَّةً اِلٰى هَدِيَّةِ

أمةِ محمدٍ وأولادِ أمةِ محمدٍ خاصةً إلى خلاصِ أمةِ محمدٍ وأولادِ
أمةِ محمدٍ خاصةً إلى سلامةِ أمةِ محمدٍ وأولادِ أمةِ محمدٍ
خاصةً إلى قهرِ أعداءِ أمةِ محمدٍ وأولادِ أمةِ محمدٍ ۞ اللهمَّ انصرْ
مَنْ نصرَ الدينَ واخذلْ مَنْ خذلَ المسلمينَ بحقِّ أسرارِ سيدِ
المرسلينَ وبحقِّ أسرارِ جمالِكَ يا جميلُ جلَّ جلالُهُ يا قاهرُ
يا قهارُ يا مهلكُ يا مميتُ يا ضارُّ يا قاهرُ يا قهارُ يا مهلكُ
يا مميتُ يا ضارُّ يا قاهرُ يا قهارُ يا مهلكُ يا مميتُ يا ضارُّ
اللهمَّ منزلَ الكتابِ سريعَ الحسابِ اهزمِ الأحزابَ اللهمَّ
اهزمْهُمْ وانصرْنا عليهِمْ وزلزلْهُمْ اللهمَّ يا مجيبَ المضطرّينَ
ويا صريخَ المكروبينَ اكشفْ عنا همَّنا وغمَّنا وكربتَنا فإنّكَ
ترى ما نزلَ بنا وبالمؤمنينَ جميعاً ۞ اللهمَّ استرْ عوراتِنا
وآمِنْ روعاتِنا يا أرحمَ الراحمينَ اللهمَّ ارزقْنا حفظَ
المرسلينَ وإلهامَ الأنبياءِ وفهمَ الأولياءِ بكرمِكَ يا أكرمَ
الأكرمينَ وبرحمتِكَ يا أرحمَ الراحمينَ ۞ سبحانَ ربِّكَ
ربِّ العزةِ عما يصفونَ ۞ وسلامٌ على المرسلينَ ۞ والحمدُ للهِ
ربِّ العالمينَ ۞

AHZÂB DUÂSI

اَللّٰهُمَّ مُنْزِلَ الْكِتَابِ * سَرِيعَ الْحِسَابِ * اِهْزِمِ الْاَحْزَابَ * اَللّٰهُمَّ اهْزِمْهُمْ
وَانْصُرْنَا عَلَيْهِمْ وَزَلْزِلْهُمْ * اَللّٰهُمَّ يَا مُجِيبَ الْمُضْطَرِّينَ * وَيَا صَرِيخَ
الْمَكْرُوبِينَ * اِكْشِفْ عَنَّا هَمَّنَا وَغَمَّنَا وكُرْبَتَنَا * فَاِنَّكَ تَرٰى مَا نَزَلَ بِنَا
وَبِالْمُؤْمِنِينَ جَمِيعًا * اَللّٰهُمَّ اسْتُرْ عَوْرَاتِنَا * وَاٰمِنْ رَوْعَاتِنَا * يَا اَكْرَمَ الْاَكْرَمِينَ
وَيَا اَرْحَمَ الرَّاحِمِينَ * بِحَقِّ اسْمِكَ الْعَظِيمِ الْاَعْظَمِ * وَبِمَعَاقِدِ الْعِزِّ مِنْ
عَرْشِكَ * وَمُنْتَهَى الرَّحْمَةِ مِنْ كِتَابِكَ * وَمُنْتَهَى الْفَضْلِ فِى نَبِيِّكَ الرَّحْمَةِ
* وَ بِحَقِّ حُبِّ ذَاتِكَ * اَللّٰهُمَّ بِحُبِّ ذَاتِكَ تَحَصَّنَّا يَا اَللّٰهُ لَا اِلٰهَ اِلَّا اللّٰهُ
سَيِّدُنَا مُحَمَّدٌ رَسُولُ اللّٰهِ حَقًّا وَ صِدْقًا * اَللّٰهُمَّ شَفِّعْهُ فِينَا بِجَاهِهِ عِنْدَكَ
* اِنَّكَ عَلٰى كُلِّ شَيْءٍ قَدِيرٌ * لَا حَوْلَ وَلَا قُوَّةَ اِلَّا بِاللّٰهِ الْعَلِيِّ الْعَظِيمِ *

Allâhümme münzile'l-kitab, serîa'l-hisâb, ihzimi'l-ahzâb. Allâhümmehzimhüm vensurnâ aleyhim ve zelzilhüm.

Allâhümme yâ mücîbe'l-muztarrîn veyâ sarîha'l-mekrûbîn. İkşif annâ hemmenâ ve gammenâ ve kürbetenâ fe inneke terâ mâ nezele binâ ve bil-mü'minîne cemîâ.

Allâhümmestur avrâtinâ ve âmin rav'âtinâ yâ ekrame'l-ekramîne ve yâ erhamerrâhımîn. Bi hakkı'smikel azîmi'l-a'zâm. Ve bimeâkıdi'l-ızzi min arşik ve münteherrahmeti min kitâbik ve müntehe'l-fazlı fî nebiyyike'r-rahmeti ve bihakkı hubbi zâtik.

Allâhümme bihubbi zâtike tehassannâ yâ Allâh, lâ ilâhe illallâh, seyyidünâ Muhammedün Resûlüllâhi hakkan ve sıdkâ.

Allâhümme şeffi'hü fînâ bicâhihî ındek. İnneke alâ külli şey'in kadîr.

Lâ havle velâ kuvvete illâ billâhi'l-aliyyi'l-azîm.

YEMEK DUÂSI

اَلْحَمْدُ لِلّٰهِ * اَلْحَمْدُ لِلّٰهِ * اَلْحَمْدُ لِلّٰهِ الَّذِى اَطْعَمَنَا وَسَقٰينَا وَجَعَلَنَا مِنَ الْمُسْلِمِينَ * اَلْحَمْدُ لِلّٰهِ رَبِّ الْعَالَمِينَ * وَالصَّلَاةُ وَالسَّلَامُ عَلٰى سَيِّدِنَا مُحَمَّدٍ وَعَلٰى اٰلِهِ وَصَحْبِهِ اَجْمَعِينَ * وَاعْفُ عَنَّا وَاغْفِرْ لَنَا وَارْحَمْنَا اَنْتَ مَوْلَانَا فَانْصُرْنَا عَلَى الْقَوْمِ الْكَافِرِينَ (٣ دفعه) * اَللّٰهُمَّ صَلِّ عَلٰى سَيِّدِنَا مُحَمَّدٍ بِعَدَدِ اَنْوَاعِ الرِّزْقِ وَالْفُتُوحَاتِ * يَا بَاسِطُ الَّذِى يَبْسُطُ الرِّزْقَ لِمَنْ يَشَاءُ بِغَيْرِ حِسَابٍ * اُبْسُطْ عَلَيْنَا رِزْقًا وَاسِعًا مِنْ كُلِّ جِهَتٍ مِنْ خَزَائِنِ غَيْبِكَ بِغَيْرِ مِنَّةِ مَخْلُوقٍ * بِمَحْضِ فَضْلِ كَرَمِكَ بِغَيْرِ حِسَابٍ * يَا اَكْرَمَ الْاَكْرَمِينَ وَيَا اَرْحَمَ الرَّاحِمِينَ * اِفْتَحِ الْبَابَ يَا اَللّٰهُ اِفْتَحِ الْبَابَ يَا اَللّٰهُ اِفْتَحِ الْبَابَ يَا اَللّٰهُ * يَا اَللّٰهُ يَا كَافِى يَا فَتَّاحُ يَا مُفَتِّحُ فَتِّحْ بِالْخَيْرِ * اَللّٰهُمَّ اغْفِرْ صَاحِبَ هٰذَا الطَّعَامِ وَلْاٰكِلِينَ * اَللّٰهُمَّ اجْعَلْ دَوْلَتَهُمْ دَائِمًا اَوْلَادَهُمْ عَالِمًا صَالِحًا * وَلَا تُسَلِّطْ عَلَيْهِمْ ظَالِمًا * اَللّٰهُمَّ زِدْ وَلَا تَنْقُصْ نِعْمَةً كَثِيرَةً بِحُرْمَةِ الْفَاتِحَةِ *

Elhamdü lillâh. Elhamdü lillâh. Elhamdü lillâhillezî et'amenâ ve sekânâ ve cealenâ mine'l-müslimîn. Elhamdü lillâhi rabbil-âlemîn. Vessalâtü vesselâmü alâ seyyidinâ Muhammedin ve alâ âlihî ve sahbihî ecmeîn. "Va'fü annâ vağfir lenâ verhamnâ ente mevlânâ fensurnâ ale'l-kavmi'l-kâfirîn." (3 defa) Allâhümme salli alâ seyyidinâ Muhammedin bi adedi envâi'r-rizkı vel-fütûhât. Yâ bâsitullezî yebsüturrizka limen yeşâü bi-gayri hisâb. Übsut aleynâ rizkan vâsian min külli cihetin min hazâini gaybike bi-gayri minneti mahlûkın bi mahzı fazlı keramike bi-gayri hisâb. Yâ ekrame'l-ekramîne ve yâ erhame'r-râhımîn. İftehı'l-bâbe yâ Allah. İftehı'l-bâbe yâ Allâh. İftehı'l-bâbe yâ Allâh. Yâ Allâhü yâ Kâfî, yâ Fettâhu yâ Müfettih Fettih bi'l-hayr. Allâhümmağfir sâhibe hâze't-taâmi ve'l-âkilîn. Allâhümmec'al devletehüm dâimen evlâdehüm âlimen sâlihâ velâ tüsellıt aleyhim zâlimâ. Allâhümme zid ve lâ tenkus ni'meten kesîraten bi hurmeti'l-Fâtiha.

OTUZİKİ FARZ

İmanın şartları	: Altı
İslâm'ın şartları	: Beş
Guslün farzları	: Üç
Abdestin farzları	: Dört
Teyemmümün farzları	: İki
Namazın farzları	: Oniki
Yekûn	: Otuz iki

İMANIN ŞARTLARI

1– Allâh'ın varlığına ve birliğine inanmak,
2– Allâh'ın meleklerine inanmak,
3– Allâh'ın kitaplarına inanmak,
4– Allâh'ın peygamberlerine inanmak,
5– Âhiret gününe inanmak,
6– Kadere, hayır ve şerrin yaratıcısının Allâh (Celle Celâlühû) olduğuna inanmak.

İSLÂM'IN ŞARTLARI

1– Kelime-i şehâdet getirmek,
2– Namaz kılmak
3– Zekât vermek,
4– Oruç tutmak,
5– Haccetmek.

GUSLÜN FARZLARI

1– Ağzına su vermek,

2– Burnuna su vermek,
3– Bütün bedenini yıkamak.

ABDESTİN FARZLARI

1– Yüzünü yıkamak,
2– Kollarını (dirsekleriyle beraber) yıkamak,
3– Başının dörtte birini meshetmek,
4– Ayaklarını (topuklarıyla beraber) yıkamak.

TEYEMMÜMÜN FARZLARI

1– Niyet,
2– İki darb ve meshetmek.

NAMAZIN FARZLARI

Dışında olanlar:

1- Hadesten tahâret,
2- Necâsetten tahâret,
3- Setr-i avret,
4- İstikbâl-i Kıble,
5- Vakit,
6- Niyet.

İçinde olanlar:

1- İftitah tekbîri,
2- Kıyâm,
3- Kırâat,
4- Rükû,
5- Secde,
6- Kâde-i ahîre

ELLİDÖRT FARZ

1– Allâhü Teâlâ'yı bir bilip zikretmek.*
2– Helâl kazanılmış temiz elbise giymek,
3– Abdest almak,
4– Beş vakit namaz kılmak,
5– Cünüplükten gusletmek,
6– Rızık için Allâh'a tevekkül (itimad) etmek,
7– Helâlinden yeyip, içmek,
8– Allâh'ın taksîmine kanâat etmek,
9– Tevekkül etmek,
10– Kazâya (yâni Allâh'ın hükmüne) râzı olmak,
11– Nîmete karşılık şükretmek,
12– Belaya sebretmek,
13– Günahlara tevbe etmek,
14– İbâdetleri ihlâs ile yapmak,
15– Şeytânı düşman bilmek,
16– Kur'ân'ı delil tanımak,
17– Ölüme hazırlıklı olmak,
18– İyiliği emredip kötülükten alıkoymak,
19– Gıybet etmemek, kötü şeyleri dinlememek,
20– Anaya-babaya iyilik ve itâat etmek,
21– Akrabayı ziyâret etmek,
22– Emânete hıyânet etmemek,
23– Dinin kabul etmeyeceği şakayı yapmamak,
24– Allâh ve Resûlüne itaat etmek,
25– Günahtan kaçınıp Allâh'a sığınmak,

(*) Zikir: Dil veya kalb ile yapılır. Kalb ile yapılana **zikr-i hafî** denir. Kur'ân-ı Kerîm okumak, Kelime-i tevhid, tehlil, salevât-ı şerîfe ve duâları okumak da dil ile yapılan Zikir cümlesindendir.

26– Allâh için sevmek, Allâh için sevmemek (buğzetmek),
27– Her şeye ibretle bakmak,
28– Tefekkür etmek (Cenâb-ı Hakk'ın kudretini, azametini ve insanın yaradılışındaki gayeyi düşünmek),
29– İlim öğrenmeye çalışmak,
30– Kötü zandan sakınmak,
31– İstihzâ (alay) etmemek,
32– Harama bakmamak,
33– Daima doğru olmak,
34– Şımarıklık ve azgınlığı terketmek,
35– Sihir yapmamak,
36– Ölçü ve tartıda doğru olmak,
37– Allâh'ın azâbından korkmak,
38– Bir günlük yiyeceği-içeceği olmayana sadaka vermek,
39– Allâh'ın rahmetinden ümit kesmemek,
40– Nefsinin kötü arzularına tâbi olmamak,
41– İçki içmemek, uyuşturucu kullanmamak,
42– Allâh'a ve mü'minlere sû-i zandan sakınmak,
43– Zekât vermek ve malî cihatta bulunmak,
44– Hayız ve nifas halinde eşiyle cinsi münasebette bulunmamak,
45– Bütün günahlardan; kalbini temiz tutmak,
46– Yetim malı yememek.
47– Kibirlilik etmemek,
48– Livata ve zina yapmamak,
49– Beş vakit namazı muhafaza etmek,
50– Zulm ile halkın malını yememek,
51– Allâh'a şirk (ortak) koşmamak,
52– Riyâdan (gösterişten) sakınmak,
53– Yalan yere yemin etmemek,
54– Verdiği sadakayı başa kakmamak.

BAZI BATI BİLGİNLERİNİN DÎNİMİZ, KUR'ÂN-I KERÎM VE PEYGAMBERİMİZ HAKKINDAKİ SÖZLERİ

EVERYMAN'S ENCYCLOPEDIA, İSLÂM MADDESİ:

"İslâmiyet, hayatın bütün mes'eleleri için kaideler koyar. O eksiksiz bir kanunlar topluluğudur. Her türlü temizlikten alın, tâ alış-verişe, cinayetlere kadar ahkâm yürütür ve hatta sakal ve bıyığın nasıl kesileceği hakkında bile hüküm koyar. İslâm'ın bütün kanunları ehemmiyet bakımından aynıdır."

J.W. von GOETHE KUR'ÂN-I KERÎM HAKKINDA DİYOR Kİ:

Kur'ân'ın ezelden olup olmaması diye
Bir şüphe beni uğraştırmaz
Kitapların kitabı olduğuna iman ederim.
Müslüman olarak bana farz olduğu gibi!

BİSMARK DİYOR Kİ:

...Bütün semâvî kitapları tam ve etraflıca tetkik ettimse de hiç birisinde bir hikmet ve isabet görmedim. Bu kanunlar değil bir cemiyetin, bir hane halkının saadetini bile temin edecek mahiyetten pek uzaktır. Lakin Muhammedîlerin Kur'ân'ı bu kayıttan âzâdedir... Ben Kurân'ın her kelimesinde büyük bir hikmet gördüm...

...Seninle aynı asırda yaşayamadığımdan dolayı üzgünüm, Ey Muhammed. Muallimi ve nâşiri olduğun bu kitap senin değildir. O, lâhûtîdir. Bunun lâhûtî olduğunu inkâr etmek, mevcut ilimlerin batıl olduğunu ileri sürmek kadar gülünçtür. Bunun için beşeriyet senin gibi mümtaz bir kudreti bir defa görmüş, bundan sonra ise göremiyecektir. Ben huzûr-ı mehâbetinde kemâl-i hürmetle eğilirim.

MÜSLÜMAN ÇOCUĞUNA BAZI DİNİ SUALLER

SUAL : Sen müslüman mısın?
CEVAP: Müslümanım Elhamdülillâh,

SUAL : Müslümanım demenin mânâsı nedir?
CEVAP: Allâh'ı bir bilmek, Kur'ân-ı Kerîm'i ve Muhammed Aleyhisselâm'ı tasdik etmektir.

SUAL : Ne zamandan beri müslümansın?
CEVAP: "Belâ" dediğimiz zamandan beri müslümanım.

SUAL : "Belâ" zamanı neye derler?
CEVAP: Mîsâk'a derler. Cenâb-ı Hak ruhlarımızı yarattığı vakit bunlara hitâben "Elestü birabbiküm" yâni (Ben sizin rabbiniz değil miyim?) diye sordu. Onlar da "Belâ" (Evet Rabbimizsin) dediler. O zamandan beri Müslümanım demektir.

SUAL : Rabbin kimdir?
CEVAP: Allâh.

SUAL : Seni kim yarattı?
CEVAP: Allâh.

SUAL : Sen kimin kulusun?
CEVAP: Allâh'ın kuluyum.

SUAL : Allâh kaçtır diyenlere ne dersin?
CEVAP: Allâh birdir derim.

SUAL : Allâh'ın bir olduğuna delilin nedir?
CEVAP: Sûre-i İhlâs'ın ilk âyeti kerîmesidir.

SUAL : Bunun manası nedir?
CEVAP: Sen söyle ki ey Habîbim Allâh birdir, demektir.

SUAL : Allâh'ın varlığına aklî delilin nedir?
CEVAP: Bu âlemin varlığı ve âlemdeki nizâm ve intizâmın devâmıdır.

SUAL : Allâh'ın zâtı hakkında düşünce câiz midir?
CEVAP: Câiz değildir. Çünkü akıl, Allâh'ın zâtını anlamaktan acizdir. Allâh'ın, ancak sıfatı hakkında düşünülür.

SUAL : İman-ı yeis nedir?
CEVAP: Firavun gibi ölürken iman etmektir.

SUAL : Bu iman mûteber midir?
CEVAP: Değildir.

SUAL : Tevbe-i yeis nedir?
CEVAP: Îmânı ve ameli olan kimsenin ölürken günahlarından tevbe etmesidir.

SUAL : Bu tevbe mûteber midir?
CEVAP: Mûteberdir.

SUAL : Dinin hangi dindir?
CEVAP: İslâm dinidir.

SUAL : Kitabın hangi kitaptır?
CEVAP: Kur'ân'dır.

SUAL : Kıblen neresidir?
CEVAP: Kâbe-i Muazzama'dır.

SUAL : Kimin zürriyetindensin?
CEVAP: Âdem Aleyhisselâm'ın zürriyetindenim.

SUAL : Kimin milletindensin?
CEVAP: İbrâhim Aleyhisselâm'ın milletindenim.

SUAL : Kimin ümmetindensin?
CEVAP: Muhammed Aleyhisselâm'ın ümmetindenim.

SUAL : **Peygamberimiz nerede doğdu ve şimdi nerede bulunuyor?**

CEVAP: Mekke'de doğdu. Elli yaşından sonra Medîne'ye hicret etti. Şimdi Medîne'de "Ravza-i Mutahhara" sındadır.

SUAL : **Peygamberimizin kaç adı vardır?**

CEVAP: Güzel isimleri çoktur. Fakat dördünü bilmek lâzımdır. Bunlar: Muhammed, Mustafâ, Ahmed, Mahmûd.

SUAL : **Peygamberimizin en çok kullanılan ismi nedir?**

CEVAP: Hazret-i Muhammed Mustafâ sallallâhü aleyhi ve sellem'dir.

SUAL : **Peygamberimizin babasının adı nedir?**

CEVAP: Abdullah'tır.

SUAL : **Annesinin adı nedir?**

CEVAP: Âmine'dir.

SUAL : **Süt annesinin adı nedir?**

CEVAP: Halîme Hâtun'dur.

SUAL : **Ebesinin adı nedir?**

CEVAP: Şifâ Hâtun'dur.

SUAL : **Dedesinin adı nedir?**

CEVAP: Abdülmuttalib'dir.

SUAL : **Peygamberimiz kaç yaşında iken kendisine fiilen peygamberlik geldi?**

CEVAP: 40 yaşında iken fiilen peygamberlik geldi.

SUAL : **Fiilen kaç sene peygamberlik yaptı?**

CEVAP: 23 sene peygamberlik yaptı.

SUAL : **Fânî hayatı kaç yaşında sona erdi?**

CEVAP: 63 yaşında sona erdi.

SUAL : Peygamberimizin kaç kızı vardı?

CEVAP: Dört kızı vardı: 1- Zeynep, 2- Rukiyye, 3- Ümmü Gülsûm, 4- Fâtıma (radıyallâhü anhünne)'dir.

SUAL : Peygamberimizin kaç oğlu doğdu?

CEVAP: Üç oğlu doğdu: 1- Kâsım, 2- Abdullah (diğer adı Tayyib) 3- İbrâhîm (Radıyallâhü anhüm) hazretleridir.

SUAL : Ezvâc-ı Tâhirât'ı yâni Peygamberimizin mübârek hanımlarını sayar mısın?

CEVAP: Sayarım:

1- Hazret-i Hadîce,

2- Hz. Sevde, 3- Hz. Âişe, 4- Hz. Hafsa, 5- Hz. Zeynep binti Huzeyme, 6- Hz. Ümmü Seleme, 7- Hz. Zeynep binti Cahş, 8- Hz. Cüveyriye, 9- Hz. Ümmü Habîbe, 10- Hz. Safiyye, 11- Hz. Meymûne, 12- Hz. Mâriye (radıyallâhü anhünne) vâlidelerimiz. Bunlardan Hz. Hadîce (radıyallâhü anhâ) vâlidemiz peygamberimizin ilk zevcesidir. Efendimizden 15 yaş büyük olup 25 sene berâber hayât sürmüştür.

SUAL : Peygamberimizin 53 yaşından sonra çok evlenmesinin sebep ve hikmetlerinin bazılarını sayar mısın?

CEVAP: Peygamberimiz, kabilelerin İslâmiyet'e bağlanmalarını temin, ayrıca kadınlara ait hükümleri kadınlar vasıtasıyla yaymak, bazılarını sefâletten kurtarmak, bazılarının ise iffet ve namuslarını korumak için onlarla evlenmiştir. Asıl hikmet ve gaye kadınlar vasıtasıyla İslâm'ı yaymaktır.

SUAL : Peygamberimizin en son vefât eden eşi kimdir?

CEVAP: Hz. Ümmü Seleme (radıyallâhü anhâ)'dir.*

---

* Bu sualin cevabı önceki baskılarda "Hz. Âişe" idi. Ancak yapılan araştırmada Hz. Ümmü Seleme olduğu tespit edilmiştir. Bkz. el-İsâbe ve Siyeru a'lâm.

SUAL : Gelmiş ve gelecek insanların en yücesi kimdir?

CEVAP: Peygamberimiz Muhammed Mustafâ Sallallâhü aleyhi ve sellem'dir.

SUAL : Peygamber Efendimizin en faziletli torunları kimlerdir?

CEVAP: Hasan ve Hüseyin (radıyallâhü anhümâ) hazretleridir.

SUAL : Bunlar kimin çocuklarıdır?

CEVAP: Hz. Ali ve Hz. Fâtıma (radıyallâhü anhümâ)'nındır.

SUAL : Peygamber kime denir?

CEVAP: Ahkâm-ı İlâhiye'yi insanlara tebliğ için Allâh'ın vazifelendirdiği zâta denir.

SUAL : Allâh tarafından mahlûkâta gönderilen peygamberlerin sayısı kaçtır?

CEVAP: Peygamberimizden yapılan bir rivâyete göre yüz yirmi dört bin, diğer bir rivâyete göre, iki yüz yirmi dört bindir.

SUAL : Kur'ân-ı Kerîm'de ismi geçen peygamberlerin sayısı kaçtır?

CEVAP: Yirmisekizdir.

SUAL : İsimlerini sayar mısınız?

CEVAP: Sayarım:

Âdem, İdris, Nûh, Hûd, Sâlih, İbrâhîm, Lût, İsmâîl, İshâk, Yâkûb, Yûsuf, Eyyûb, Şuayb, Mûsâ, Hârûn, Dâvûd, Süleymân, Yûnus, İlyas, Elyesâ, Zülkifl, Zekeriyyâ, Yahyâ, Îsâ, Üzeyr, Lokmân, Zülkarneyn ve Hazret-i Muhammed Mustafâ Salevâtullâhi alâ nebiyyinâ ve aleyhim ecmeıyn hazerâtıdır. Üzeyr, Lokman ve Zülkarneyn (aleyhimüsselâm) hazretlerine bâzıları velîdir, demişlerdir.

SUAL : Hazret-i Muhammed Mustafâ (sallallâhü aleyhi ve sellem) **Efendimiz kaç tarihinde doğdu ve kaç tarihinde vefat etti?**

CEVAP: Rebîulevvel ayının onikinci pazartesi günü mîlâdî 571 tarihinde doğdu ve yine Rebîulevvel ayının onikisinde mîlâdî 632 tarihinde vefat etti.

SUAL : Peygamberimiz Mekke-i Mükerreme'den Medîne-i Münevvere'ye kaç tarihinde hicret etti?

CEVAP: Milâdî 622 tarihinde hicret etti. Hicret biz müslümanlarca tarih başlangıcıdır.

SUAL : Melek nedir?

CEVAP: Allâh'ın nurdan yarattığı ve istedikleri şekle girebilen, daima ibadet eden günahsız varlıklardır.

SUAL : Dört büyük melek hangileridir?

CEVAP: Cebrâîl, Mîkâîl, İsrâfîl ve Azrâîl Aleyhimüsselâmdır.

SUAL : Dört büyük kitap hangileridir ve hangi peygamberlere inmiştir?

CEVAP: Tevrat Mûsâ Aleyhisselâma, Zebûr Dâvûd Aleyhisselâma, İncîl Îsâ Aleyhisselâma, Kur'ân-ı Kerim Peygamberimiz Muhammed Mustafâ Sallâhü aleyhi ve sellem Efendimiz Hazretlerine inmiştir.

SUAL : Suhuf ne demektir, kaç tanedir ve kimlere verilmiştir?

CEVAP: Cenâb-ı Hakk'ın, dört kitaptan başka Cebrâil (a.s.) vasıtasıyla bazı peygamberlere gönderdiği sahifelere suhuf denir ki, yüz tanedir. Âdem Aleyhisselâma 10, Şit Aleyhisselâma 50, İdris Aleyhisselâma 30, İbrâhim Aleyhisselâma ise 10 suhuf verilmiştir.

SUAL : Mezhep nedir?

CEVAP: Büyük din müctehidlerinin şer'î delillerden çıkardıkları mes'eleler ve hükümler topluluğudur.

SUAL : **Ehl-i sünnet ve cemâatin îtikatta mezhep imamları kaçtır?**
CEVAP: İkidir.

SUAL : **Kimlerdir?**
CEVAP: İmam Ebû Mansur Muhammed Mâtürîdî ve İmam Ebü'l-Haseni'l-Eş'arî Hazretleridir.

SUAL : **Ehl-i sünnetin amelde mezhebi kaçtır?**
CEVAP: Dörttür.

SUAL : **Nelerdir?**
CEVAP: Hanefî, Şâfiî, Mâlikî, Hanbelî mezhepleridir.

SUAL : **Îtikatta mezhebin nedir?**
CEVAP: Ehl-i sünnet ve cemâat mezhebidir.

SUAL : **Amelde mezhebin nedir?**
CEVAP: Hanefî mezhebidir.

SUAL : **Bizim itikatta mezhebimizin imâmı kimdir?**
CEVAP: İmam Ebû Mansûr Muhammed Mâtürîdî rahimehüllâh Hazretleridir.

SUAL : **Şâfiî, Mâlikî ve Hanbelî mezhebine mensup olanların îtikatta imamları kimdir?**
CEVAP: Ebü'l-Haseni'l-Eş'arî rahimehüllâh Hazretleridir.

SUAL : **İmam Ebû Mansûr Muhammed Mâtürîdî nerelidir?**
CEVAP: Semerkand'ın Mâtürid köyündendir. Türk'tür.

SUAL : **Mâtürîdî ne zaman vefat etmiştir?**
CEVAP: Hicrî 333 tarihinde vefat etmiştir.

SUAL : **Ebü'l-Haseni'l-Eş'arî Hazretleri nerelidir? Ne zaman vefât etmiştir?**
CEVAP: Basralı olup Hicrî 324 tarihinde vefat etmiştir.

SUAL : **Namazın kazâya kalmasına meşrû sebep kaçtır?**
CEVAP: Üçtür

SUAL : Sayar mısınız?

CEVAP: Sayarım: a) Uyku b) Muharebe esnasında düşmandan hiç fırsat bulamamak, c) Unutmak.

SUAL : Otuz iki farzı sayar mısınız?

CEVAP: Sayarım: 6 İmanın şartı, 5 İslâm'ın şartı, 4 Abdestin farzı, 3 Guslün farzı, 2 Teyyemmümün farzı, 12 Namazın farzı, tamamı 32 eder.

SUAL : İmanın şartları nelerdir?

CEVAP: Allâh'ın varlığına, birliğine, meleklerine, kitaplarına peygamberlerine, âhiret gününe, kadere, hayır ve şerrin yaratıcısının Allâh olduğuna inanmaktır.

SUAL : İslâm'ın şartı kaçtır?

CEVAP: Beştir: 1- Kelime-i Şehâdet getirmek, 2- Namaz kılmak, 3- Zekât vermek, 4- Oruç tutmak, 5- Hacca gitmek,

SUAL : Abdestin farzı kaçtır?

CEVAP: Dörttür. 1- Yüzünü tüy bitiminden, kulak yumuşağından, çene altına kadar yıkamak.
2- Kolları dirseklerle beraber yıkamak,
3- Başın dörtte birini meshetmek,
4- Ayakları topuklarla berâber yıkamak.

SUAL : Guslün farzı kaçtır?

CEVAP: Üçtür: 1- Bol su ile ağzı yıkamak, 2- Bol su ile burnu yıkamak, 3- Hiç kuru yer kalmamak şartı ile bütün vücûdu yıkamak.

SUAL : Gusül abdestini tarif eder misin?

CEVAP: Ederim: Şöyle ki, önce gizlice besmele çeker niyet ederim. Avret mahallini yıkarım. Namaz abdesti gibi abdest alırım. Bu arada 3 defa ağzıma dolu dolu su alırım. 3 defa burnuma iyice su veririm. Abdestten sonra 3 defa başımdan aşağı su dökerim, 3 defa sağ, 3 defa sol omuzuma su döker, her defasında bütün vücudumu ovalarım. Vücutta hiç kuru yer kalmayıncaya kadar yıkanırım. Yüzük altı ve göbek kıvrığını ıslatırım. Suyun deriye geçmesine mani olacak şey varsa giderir ve orayı da ıslatırım. Kadınlar küpe deliklerini de ıslatırlar.

SUAL : Teyemmümün farzı kaçtır?

CEVAP: İkidir: 1- Niyet, (Teyemmüme niyet etmek.)
2- Ellerini iki defa toprağa vurup birincide yüzünü, ikincide kollarını mesh etmek; silmek.

SUAL : Teyemmüm nasıl yapılır?

CEVAP: Teyemmüm etmeye niyet ederim. Ellerimi temiz toprağa vurur yüzümü mesh ederim. Ellerimi temiz toprağa tekrar vurur, sağ kolumu sol elle, sol kolumu sağ elle mesh ederim.

SUAL : Namazın farzı kaçtır?

CEVAP: Altısı içinde, altısı dışında olmak üzere 12'dir.

SUAL : Dışındakiler nelerdir?

CEVAP: Hadesten tahâret, necâsetten tahâret, setr-i avret, istikbâl-i kıble, vakit, niyet.

SUAL : İçindekiler nelerdir?

CEVAP: İftitâh tekbîri, kıyâm, kırâat, rükû, sücûd, kâde-i ahîrede teşehhüd miktarı oturmak.

SUAL : Bir günde kaç vakit namaz kılınır?

CEVAP: Sabah, öğle, ikindi, akşam, yatsı olmak üzere beş vakit namaz kılınır.

SUAL : Bu vakitler kaç rek'attir?

CEVAP: Sabah namazı 4 rek'attir; ikisi sünnet, ikisi farz. Önce sünnet kılınır, sonra farz kılınır. Öğle namazı on rek'attir. Dördü ilk sünnet, dördü farz, ikisi son sünnet. Önce sünnet kılınır, sonra farz, daha sonra son sünnet kılınır. İkindi namazı 8 rek'attir. Dördü sünnet dördü farz, Önce sünnet kılınır, sonra farz. Akşam namazı 5 rek'attir; üçü farz, ikisi sünnet. Önce farz sonra sünnet kılınır. Yatsı namazı 13 rek'attir; dördü sünnet, dördü farz, ikisi son sünnet, üçü vitir vâciptir. Önce sünnet, sonra farz, sonra son sünnet, en sonra da vitir vâcip kılınır. Cem'an günde 40 rek'at namaz kılınır.

SUAL : Namazda zammı sûreyi unuttuğun zaman ne lazım gelir?

CEVAP: Sehiv secdesi yapmak lazım gelir.

SUAL : Sehiv secdesi kaç yerde yapılır?

CEVAP: Vâcibin terk ve te'hîrinde, farzın yalnız te'hîrinde yapılır.

SUAL : Sehiv secdesi yapılmasa ne olur?

CEVAP: Namaz noksan olmuş olur.

SUAL : Sehiv secdesi nasıl yapılır?

CEVAP: Namazda son olarak oturduğumuz zaman tahiyyat okuyup bir veya iki tarafa selam verdikten sonra iki defa secdeye gidilir, ikinci secdeden sonra oturulur. Tahiyyat, salli, bârik, sonuna kadar okunur, selam verilir.

SUAL : Sehiv secdesi icabeden birkaç yer sayar mısın?

CEVAP: Sayarım:

1- Zammı sûreyi unuttuğum zaman,

2- Vitir namazında kunut tekbirini, kunut duâlarını veyâ her ikisini unuttuğum zaman,

3- Dört rek'atli namazlarda ilk oturmada tahiyyât okunduktan sonra hemen kalkmayı unutup Salli-Bârik'ten en az "Allâhümme salli alâ Muhammedin" kısmını okuyup üçüncü rek'ata geç kaldığım zaman sehiv secdesi yaparım.

SUAL : **İbâdetle tâatla ihyâ etmeye bilhassa kıymet verdiğimiz gecelere ne denir?**

CEVAP: Kandil Geceleri denir.

SUAL : **Kaç kandil vardır?**

CEVAP: Beş kandil vardır.
1- Mevlid kandili, 2- Regâib kandili,
3- Mi'râc kandili, 4- Berât kandili,
5- Kadir gecesi.

SUAL : **Mevlid kandili nedir?**

CEVAP: Peygamberimizin dünyâya geldiği gecedir.

SUAL : **Regâib kandili neye denir?**

CEVAP: Hazret-i Âmine'nin yüce Peygamberimize hâmile olduğunu anladığı gecedir.

SUAL : **Mi'râc kandili nedir?**

CEVAP: Peygamberimizin, ilâhî saltanatı seyretmek üzere Allâh'ın dâveti ve gücü ile eşsiz bir mûcize olarak göklere ve daha nice âlemlere seyâhat ettiği gecedir.

SUAL : **Berât kandili nedir?**

CEVAP: Kur'ân-ı Kerîm'in levh-i mahfuzdan semâ-i dünyaya indirildiği, insanların bir senelik hayat ve rızıklarının gözden geçirildiği, müslümanların af ve lütuflara nâil olduğu gecedir.

SUAL : **Kadir gecesi nedir?**

CEVAP: Kur'ân-ı Kerîm'in dünya semâsından Peygamberimize indirilmeye başlandığı gecedir.

FİHRİST